DER UNERKLÄRTE KRIEG

DEUTSCHLANDS SELBSTBETRUG IN AFGHANISTAN

Standpunkte: unbequeme Einsichten, provokante Ansichten, weitsichtige Vorschläge. Die sich in der Essayreihe »Standpunkte« zu Wort melden, wollen die Debatte über grundsätzliche und aktuelle Fragen der Politik vertiefen und in die Breite tragen. Die Klarheit der Argumentation lädt den Leser ein, die eigene Meinung zu schärfen – und sie ebenso energisch zu vertreten.

Der unerklärte Krieg
Deutschlands Selbstbetrug in Afghanistan

EIN STANDPUNKT VON STEFAN KORNELIUS

edition Körber-STIFTUNG

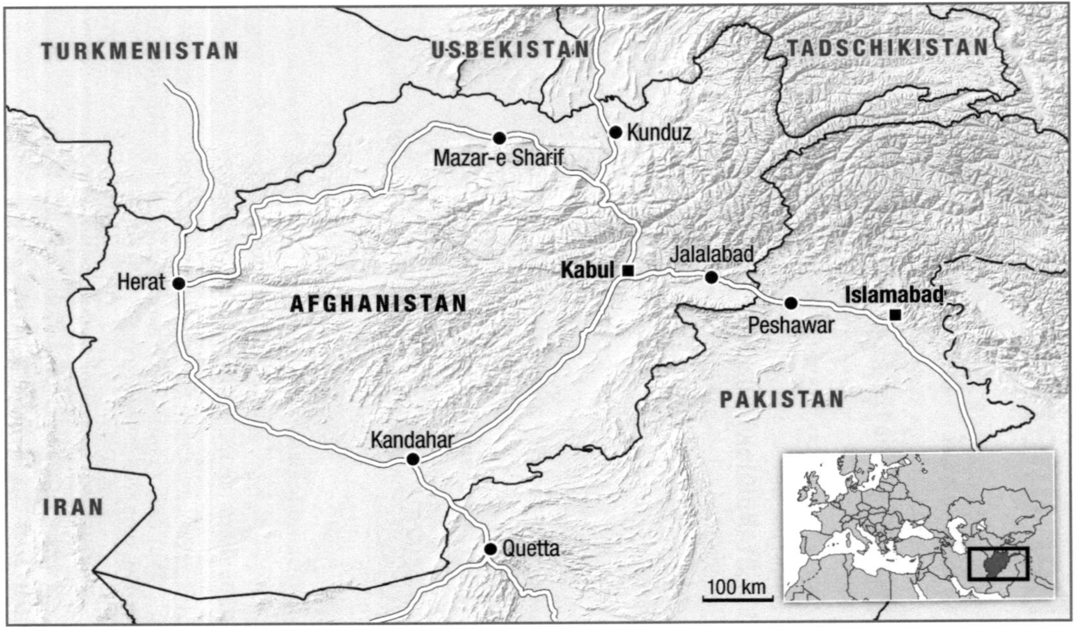
TURKMENISTAN
USBEKISTAN
TADSCHIKISTAN
Kunduz
Mazar-e Sharif
Herat
AFGHANISTAN
Kabul
Jalalabad
Islamabad
Peshawar
PAKISTAN
Kandahar
IRAN
Quetta
100 km

Roger de Weck

Afghanisches Chaos, deutsche Unordnung

Es kann sein, dass deutsche und europäische Außenpolitik fortan im Zeichen der ständigen Überforderung stehen wird. Die multipolare Welt stellt nämlich höchste Ansprüche an alle. Keine Großmacht, kein Bündnis, geschweige denn eine internationale Organisation ist stark genug, im Alleingang für Stabilität zu sorgen. Das multipolare »Jeder-gegen-jeden« des 19. Jahrhunderts, als europäische Mächte ihre Gleichgewichtsspiele trieben und oft aus dem Lot gerieten, ist da eine Warnung: Im atomaren Zeitalter hätten missratene Balanceübungen noch viel verheerendere Folgen. Zudem strahlen regionale Konflikte, per Terrorismus, überallhin aus. In einer labilen Welt wird es aber schwer, die unerlässliche »Weltinnenpolitik« zu gestalten: Kampf gegen Hunger und für Menschenrechte, Klimaschutz, einen neuen Rahmen für die globale Wirtschaft.

Das ist der Hintergrund des Kriegs in Afghanistan. Siegen dort die Taliban, siegen sie später auch in Pakistan. Siegen sie in Pakistan, haben sie die Atombombe. Haben sie Atombomben, wird sich jeder vorwerfen, einschließlich China und Russland, dagegen zu wenig vorgesorgt zu haben. Oder wird doch der Westen siegen? Derzeit kann er weder gewinnen, noch darf er verlieren. Seine Niederlage böte den Taliban freie Hand – ein Schreckensszenario. Trotzdem »ist die Bedrohung für die Deutschen abstrakt und fern, viel weiter weg als die Konfrontation aus dem Kalten Krieg«, vermerkt Stefan Kornelius. Dabei kann Berlin nicht einfach tatenlos hinnehmen, dass »die bevölkerungsreichste Region der Erde mit den wichtigsten Rohstoffquellen, dass zentrale Handelswege und traditionelle Partner in eine gewaltige Zone der Instabilität« abgleiten.

Gefährlicher als dieser Krieg wäre es, ihn nicht zu führen – das ist Kornelius' These. In der Tat hat bislang kein Kritiker des Afghanistan-Einsatzes eine Gegenstrategie entworfen, wie sich elementare deutsche Interessen (angefangen bei der Abwehr eines Zugriffs der Taliban auf Atomwaffen) gescheiter verfechten ließen. Ebenso heuchlerisch ist, dass Deutschland einen Krieg führt, der nach offizieller Berliner Lesart gar keiner ist. So wird die Bundeswehr an den Hindukusch entsandt, aber auf Schritt und Tritt daran gehindert, dort wirksam zu agieren.

Vielleicht wird der Afghanistan-Krieg in die Geschichte eingehen als ein erster Versuch von Überforderten, mit ihrer Überforderung zu leben, um sie allmählich zu meistern. Ohne Aussicht auf raschen Kriegserfolg. Aber auch ohne Alternative. Es ist das Verdienst dieses so kenntnis- und erkenntnisreichen Essays, durch das afghanische Chaos und die deutsche Unordnung hindurch Klarheit zu schaffen. Ein eindrucksvoller Beitrag zu mehr Kohärenz der Berliner Außen- und Sicherheitspolitik.

Berlin, im Mai 2009

1. Eine Kriegserklärung

Die Zeit der Kriegserklärungen ist vorbei. Kein berittener Bote überbringt mehr einen versiegelten Umschlag, in dem eine diplomatische Note mit Termin und Modalität eines Waffengangs steckt. Keine Depesche löst mehr eine Krise zwischen zwei Staaten aus. Kriege des 21. Jahrhunderts werden nicht angekündigt. Sie kommen schleichend daher, werden Instabilität genannt oder Konflikt. Dann nimmt die Gewalt zu, aber Ursache und Ziel bleiben im Vagen, so ähnlich wie auch die Beteiligten an dem Krieg zunächst lieber im Verborgenen agieren. Irgendwann eskaliert die Gewalt, und Streitkräfte werden in Bewegung gesetzt, Bomben geworfen. Dann nimmt die Dynamik wieder den umgekehrten Verlauf: Die Kämpfe flauen ab, bis es nur noch zu Scharmützeln kommt, zu Spannungen, Instabilitäten. Wirklichen Frieden kennen die Staaten oder die Regionen nicht, die von diesen Konflikten des 21. Jahrhundert heimgesucht werden. Afghanistan ist so ein Staat.

Kriege im 21. Jahrhundert ignorieren Grenzen. Grenzen sind irrelevant, weil Kriege in der Regel nicht zwischen Staaten geführt werden. Und weil Grenzen unbedeutend sind, ist niemand mehr vor Kriegen geschützt. New York, Madrid, Wana oder Kandahar – Krieg kann überall sein. Auch weil Kriege keine Grenzen kennen, werden sie nicht mehr erklärt. Denn: Wer sollte wem seine Feindschaft mitteilen?

Dennoch besteht ein hohes Bedürfnis nach einer Kriegserklärung. Den »Krieg erklären«, erläutern, ihn in Worte fassen – mehr denn je müssen diese simmernden, aufkochenden, immer gefährlicheren Konflikte einer großen Menge Menschen nahegebracht werden. Die Kriegserklärung des 21. Jahrhunderts ist eine öffentliche Aufgabe. Sie kann nicht in Umschläge gepackt und versiegelt werden. Weil Krieg universell ist – durch die immer präsenten Medien in einer ständig hungrigen Informationsgesellschaft –, müssen seine Ursache und sein Verlauf klar gemacht werden. Das ist die Pflicht der demokratischen und offenen Staaten, die den Kriegen des 21. Jahrhunderts ihren asymmetrischen Charakter nehmen wollen, die den Krieg aus seinem schummrigen, diffusen Schauplatz ans Licht zerren möchten. Klarheit und Offenheit, das sind wertvolle Güter: Woher rührt der Konflikt, wie kommt man heraus, wer gehört – ganz banal gesagt – zu den Guten, wer zu den Bösen? Die von Terroristen angetriebenen Konflikte haben zum Ziel, freie Gesellschaften unfrei zu machen, Angst zu säen und Unsicherheit zu schaffen. Terror lebt davon, dass der Gegner unwissend ist, die Terroristen im Dunkeln bleiben dürfen. Deswegen gehört eine moderne Kriegserklärung zu jeder Demokratie, die in einen dieser neumodischen Kriege des 21. Jahrhunderts hineingezogen wird. Wer die Wahrheit nicht sagt, wer sich verschanzt und sich selbst belügt, der spielt dem Gegner in die Hände.

Moderne Kriege können nicht durchgestanden werden, wenn die Mehrheit in einer Demokratie die Gefolgschaft verweigert. Demokratien sind nicht wirklich geschaffen zur Kriegsführung. Keine Gesellschaft bringt gerne Opfer, demokratische Gesellschaften ganz besonders nicht. Tote Soldaten und Zivilisten setzen Demokratien unter Druck, können Wählermassen bewegen und Regierungen stürzen. Kriegseuphorie ist ein Phänomen der Vergangenheit.

Deutschland kennt seine Vergangenheit. Es hat Lehren daraus gezogen und sich vom militärischen Geschäft ferngehalten. In seiner Nachbarschaft hat es ein System zur Konfliktvermeidung geschaffen, das es in der Welt kein zweites Mal gibt: die Europäische Union. Deutschland hat sich außerdem einem Militärbündnis angeschlossen, das schon qua Größe und Schlagkraft so abschreckend wirken soll, dass eine kriegerische Auseinandersetzung mit einem Feind ausgeschlossen werden kann. NATO und EU – ein ideales Paket für ein postbellizistisches Zeitalter.

Und doch hat der Krieg des 21. Jahrhunderts Deutschland eingeholt. Deutschland führt Krieg in Afghanistan, weil die USA, der wichtigste Partner im Militärbündnis NATO, von Terroristen angegriffen wurde und der Angriff aus Afghanistan heraus gesteuert wurde. Deutschland führt Krieg in Afghanistan, weil die Weltgemeinschaft feststellte, dass aus diesem Land eine der größten Bedrohungen dieser Zeit erwächst, dass Afghanistan ein zerfallener Staat ist, der wieder aufgerichtet werden muss.

Deutschland führt Krieg, aber vom Krieg darf man nicht sprechen. Die Rede ist von einem Stabilisierungseinsatz, von einer Mission zur Unterstützung des Staatsaufbaus. Krieg darf das nicht sein, weil Krieg einen völkerrechtlich souveränen Gegner voraussetzt, und weil die Versicherungen die Policen nicht auszahlen, wenn ein Toter aus einem Kriegsgebiet zu beklagen ist.

Der Streit um die richtige Terminologie ist nur eine von vielen Unehrlichkeiten, die den Einsatz der Bundeswehr am Hindukusch begleiten. Aber er ist symptomatisch für einen großen politischen Selbstbetrug, dem das Land erliegt. Vieles an diesem Afghanistan-Einsatz ist unausgesprochen, halbgar, unwahr und heuchlerisch. Der Einsatz ist unbequem, wahrscheinlich ist er sogar ungewollt. Vor allem aus bündnispolitischer Räson hat die rot-grüne Bundesregierung 2001 die Entsendung von Soldaten beschlossen, und die große Koalition hat die Entscheidung immer wieder bestätigt.

Im achten Jahr des Einsatzes zeigt sich stärker denn je, dass Politik und Öffentlichkeit in Deutschland nicht mehr Schritt halten mit der Dynamik in Afghanistan. Die Verdruckstheit, die den Einsatz von Beginn an begleitete, hat sich zu einem Knäuel von Widersprüchen, politischen Halbwahrheiten und militärischem Unfug verdichtet. Währenddessen ändert sich die Lage in Afghanistan in hohem Tempo. Was einmal wirklich als stabilisierender Einsatz zum Schutz einer Zentralregierung begonnen hat, entwickelt sich zu einem veritablen Überlebenskampf für das neue Afghanistan. Unter dem Ansturm der wiedererstarkten Taliban erkennt die Weltgemeinschaft, dass ihre Glaubwürdigkeit auf dem Spiel steht, wenn sie das Land nun fluchtartig verließe und erneut einem Zyklus von Krieg und Gewalt auslieferte.

Die neue US-Regierung unter Barack Obama hat deshalb als erste außenpolitische Maßnahme eine strategische Überprüfung des Einsatzes angeordnet. Das Ergebnis liegt nun vor und beeindruckt: Zum ersten Mal seit Beginn des Krieges scheint die Komplexität des Afghanistan-Problems von den USA erfasst worden zu sein. Zum ersten Mal werden alle ethnischen, religiösen, kulturellen, geografischen und ökonomischen Faktoren zu einem vernünftigen Gesamtbild verwoben. Der eigentliche Kriegsherd, das paschtunische Siedlungsgebiet dies- und jenseits der pakistanisch-afghanischen Grenze, wird als zentrales Problem erkannt – keine Sekunde zu früh, da die Taliban wie eine Meute hungriger Wölfe über den schwachen pakistanischen Staat herfallen und dort den nächsten großen Konflikt suchen. Die US-Strategie bemüht sich um eine Lösung, und die besteht im Kern aus zwei Botschaften: Schluss mit der Heuchelei, mehr Ehrlichkeit über das gewaltige Ausmaß der Aufgabe. Und zweitens: Afghanistan ist zu retten, wenn sich alle dieser gewaltigen Anstrengung anschließen – militärisch und beim zivilen Aufbau.

Deutschland verschließt sich dieser Botschaft. Wie in einem Schweigekartell haben sich Bundesregierung, Abgeordnete des Bundestags und die militärische Führung der Bundeswehr zusammengetan, um die unangenehmen Probleme des Einsatzes zunächst nicht anzurühren. Ehrlichkeit ist schwierig, weil eine fürchterliche Drohung über dem Einsatz hängt: Afghanistan könnte missbraucht werden im Wahlkampf. Das Jahr 2002 hatte bewiesen: Mit dem Thema Krieg und Frieden lassen sich Wahlen gewinnen. Komplexe außenpolitische Probleme können mühelos zur innenpolitischen Keule umfunktioniert werden. Die Angst vor dem parteipolitischen Missbrauch lähmt die Politik und lässt die militärische Führung in Furcht erstarren.

Ehrlich hingegen wäre es zuzugeben, dass der relativ stabile Norden des Landes derart viele Soldaten gar nicht braucht. Und falls es die Militärplanung dennoch für nötig hielte, 3500 Bundeswehrangehörige in drei Lagern zu kasernieren, so müsste sie wenigstens eingestehen, dass ein stabiler Norden allein nichts nützt, wenn der Süden an die Taliban fällt, später vielleicht sogar die Hauptstadt. Ehrlich wäre es zuzugeben, dass der defensive Auftrag für die Soldaten zu absurden militärischen Situationen führt, ja, dass die auferlegte Zurückhaltung die Soldaten sogar eher gefährdet statt sie zu schützen. Ehrlich wäre es auch zuzugeben, dass die mit großem politischem Theater nach Afghanistan verlegten Tornados operativ nutzlos sind und lediglich als Beruhigungsgabe für nicht erbrachte Leistungen an anderer Stelle im Bündnis dienen. Ehrlich wäre es außerdem zuzugeben, dass Deutschland bei der Polizeiausbildung gescheitert ist. Das Land, das sich zum Aufbau einer afghanischen Polizei verpflichtet hatte, kapitulierte vor der Größe der Aufgabe. Und ehrlich wäre es schließlich auch zuzugeben, dass der zivile Aufbau einer beängstigenden Routine verfallen ist und dem eigentlichen Bedarf nicht gerecht wird – vor allem nicht im Süden des Landes.

Im Frühjahr 2009 geriet die Bundeswehr unter bisher ungewohnten Druck im Norden Afghanistans. Die Taliban hatten sich neu formiert und verstärkten ihre Angriffe auch im deutschen Einsatzgebiet. Ein Soldat kam in einem militärisch geplanten Hinterhalt ums Leben. Plötzlich mussten sich die Soldaten Gefechte liefern, wie man sie sonst nur aus dem Süden kannte. Die afghanische Realität holte auch die Deutschen ein, die plötzlich zu reagieren begannen. Ein Strategiewechsel? Oder nur ein kurzfristiger Behauptungstrieb? Die Bundesregierung und die Führung der Bundeswehr agierten nervös im neuen Spannungsfeld militärischer Provokation und innenpolitischem Druck, wenige Wochen vor der Bundestagswahl.

Deutschland stand einst Pate für den politischen Wiederaufbau Afghanistans. Ein Jahrhundert lang pflegte es hervorragende Beziehungen zu den Herrschern in Kabul, und die Deutschen genießen auch heute noch hohes Ansehen unter den Afghanen. Die Wertschätzung aber wird nicht erwidert. Heute interessiert sich Deutschland nicht wirklich für das Land, obwohl es seine Soldaten dort großen Gefahren aussetzt und obwohl es seine außenpolitische Glaubwürdigkeit am Hindukusch aufs Spiel setzt. Aber für diese Kategorien ist in der Öffentlichkeit die Sensibilität verloren gegangen. Afghanistan ist ein fernes Land, und der Krieg kümmert nicht wirklich. Die Soldaten der Bundeswehr spüren dieses Desinteresse. Und sie sehen den Widerspruch zwischen ihrem Einsatz und dem, was das ferne Land ihnen eigentlich abverlangt. Ihr Unbehagen haben sie dem Wehrbeauftragten mitgeteilt, der in seinem Bericht 2009 darüber klagte, dass die Truppe sich nicht ernst genommen fühle. Das Gefühl trügt nicht. Die Soldaten sind die Betrogenen. Sie sind die eigentlichen Opfer eines großen Selbstbetrugs.

2. Das wilde Land

Afghanische Grundgesetze

Die afghanische Geschichtsschreibung kennt ein Goldenes Zeitalter, es beginnt im Jahr 1963 und endet 1978. In diesen kümmerlichen 15 Jahren wurde dem Land eine Verfassung beschert, und fünf Premierminister regierten in einer konstitutionellen Monarchie. Die letzten fünf Jahre dieser Periode gehörten dem Autokraten Mohammad Daud, der die Monarchie gestürzt hatte, innen- und außenpolitischen Widerstand provozierte, mit dem in allen Schattierungen blühenden (kommunistischen) Parteiensystem haderte und letztlich selbst in einem Überraschungs-Coup getötet wurde. Ein kleiner Schönheitsfehler in einer ansonsten guten Zeit.

15 Jahre sind eine kurze Strecke für ein Zeitalter. Aber nichts illustriert die Verzweiflung des afghanischen Volkes besser als die Verklärung jener kümmerlichen Periode, die gemessen an den Dekaden und gar Jahrhunderten zuvor tatsächlich weitgehend friedlich und stabil verlief. Dabei gab es selbst während dieser 15 Jahre innere Unruhen, Hunger und Entbehrung. Aber es wurde weniger gestorben, und es wurde weniger gekämpft. Die Afghanen denken deshalb gerne an diese Zeit zurück, und sie verklären ihren letzten König Zaher Schah, der die Jahre nach dem Putsch 1973 im Exil in Rom verbrachte, 2002 mit vielen Hoffnungen beladen nach Kabul zurückkehrte und im Juli 2007 starb.

Wer nur 15 Jahre zu einem Goldenen Zeitalter stilisiert, der ist nicht verwöhnt von der Geschichte. Kaum eine andere Region der Erde sah so viel Elend wie das zwischen der indischen, persischen, chinesischen und russischen Hochkultur eingepferchte Afghanistan. Schon der sprachliche Ursprung des Landesnamens zeugt von der Pufferlage. Bis in das 19. Jahrhundert hinein war der Gebrauch der Landesbezeichnung Afghanistan unüblich. Es waren die Briten, die – ihre Grenze im paschtunischen Stammesgebiet absichernd – das Territorium nördlich des kolonialen Kronjuwels Indien als Afghanistan bezeichneten. Hier lag das Niemandsland, das stets unter den konkurrierenden Interessen Irans, Russlands oder Britisch-Indiens litt. Afghanistan war kein gewachsener Staat – es war die Bezeichnung für das staatenlose Vakuum, aus dem immer nur Unfrieden erwuchs.

Wenn die Geografie das Schicksal eines Landes derart nachteilig beeinflussen kann, dann ist es fast schon folgerichtig, dass auch jeder Versuch einer inneren Stabilisierung an den äußeren Umständen scheitern muss. Der äußere Druck bestimmte die Verhältnisse im Inneren des künstlichen Staates, dessen Grenzen von Russen und Briten gezogen worden war. In diesem Staat konkurrierten Ethnien und Stämme, Familien und Talschaften, Religionen und politische Parteien um Macht und Einfluss. Die Zersplitterung des Volkes ist bis heute der wichtigste Grund für die stets simmernden Unruhen. Keine Gruppe war je so stark, dass sie einen natürlichen Führungsanspruch behaupten konnte; kein Regierungsmodell war so flexibel, dass es all die widerstrebenden Interessen hätte befriedigen können.

Die Paschtunen als größte Volksgruppe leben in einem Siedlungsgebiet, das von der Durand-Linie durchschnitten wird, jener künstlichen, von den Briten und den Russen gezogenen Grenze, die das spätere Pakistan von Afghanistan trennen sollte. Nicht die religiöse Bindung eint diese Gruppe, sondern die gemeinsame Abstammung und der Verhaltenskodex (paschtunwali), der um Ehrbegriffe und Besitztümer kreist. Paschtunen verstehen sich als die eigentlichen Afghanen, ihre Sprache, Paschtu, macht keinen Unterschied zwischen einem Afghanen und einem Paschtunen.

Sunnitische und schiitische Strömungen des islamischen Glaubens winden sich durch alle Ethnien (bis zu 200 nach manchen Zählungen) und wurden gerade von außenstehenden Mächten (Saudi-Arabien oder Iran) für den innerafghanischen Streit instrumentalisiert. Aber eigentlich sind religiöse Differenzen als Ursache für Konflikte nachgeordnet, gemessen an der Bedeutung der Clan-Strukturen und der Stämme.

Kulturelle Differenzen haben viele Ursachen in Afghanistan, und sie führen immer wieder zu Spannungen, die sich gewaltsam entladen. Die paschtunischen Stammesregeln mit ihrem eigenen Ehren- und Rechtskodex stammen aus einer vorislamischen Zeit. Bruderschaften, religiöse Strömungen oder Clan-Strukturen bringen starke Führungsfiguren hervor, die über Jahrzehnte hinweg die Macht halten und meist nur gewaltsam von ihr zu trennen sind. Nur zwei afghanische Herrscher in den vergangenen 200 Jahren verloren auf natürliche Weise ihr Leben oder ihre Herrschaft. Alle anderen starben eines gewaltsamen Todes oder wurden aus dem Amt getrieben.

Die Fraktionierung der Gesellschaft begünstigte über Jahrhunderte eine geradezu chaotische Allianzenbildung. Keine Verbindung, die nicht urplötzlich in bittere Feindseligkeit umschlagen konnte; kein Erzfeind, der nicht morgen zum wichtigsten Verbündeten gegen einen Dritten wurde. Loyalität ist ein dehnbarer Begriff in Afghanistan, Verlässlichkeit gilt nur bis zur nächsten Provokation – oder bis ein anderer Spieler den besseren Preis zu zahlen bereit ist.

Befördert wird die Feindschaft der Gruppierungen durch die Kargheit eines unwirtlichen Terrains, das nie genug abwarf, um seine Menschen zu ernähren. Krankheiten und Wassermangel, Hitze und Kälte, schlechte Wege und die natürlichen Barrieren eines bis zu 7700 Meter hohen Gebirgszuges trugen zur Mühsal einer allemal geplagten Bevölkerung bei. Feindseligkeiten entstehen schnell, wenn ein Bewässerungsgraben zerstört oder der Zugang zu Weideland verweigert wird.

Diese Bevölkerung, heute schätzungsweise 33 Millionen Menschen, ist gezeichnet von Jahrhunderten des Krieges und der Entbehrung. Die durchschnittliche Lebenserwartung liegt bei 44 Jahren, das Durchschnittsalter bei 17 Jahren. Man sagt, wer das fünfte Lebensjahr erst mal erreicht hat, der bekommt seine Chance. Mehr als 60 Prozent der erwachsenen Bevölkerung sind Analphabeten. Die Afghanen trennen deutlich zwischen städtischer und ländlicher Bevölkerung. Städter, vor allem die Einwohner Kabuls, sind relativ modern und erwecken das Misstrauen der Landbewohner, die in ihren archaischen Traditionen und Familienbanden gefangen sind. Die Kluft zwischen Stadt und Land ist Quelle immer wiederkehrender Spannungen, was sich in den letzten Jahren vor allem die Taliban zunutze machten.

Trotz der vermeintlich geringen Bevölkerungszahl und des großen Territoriums (zwei Mal die Fläche der Bundesrepublik) leben die Afghanen dicht aufeinander. Das unwirtliche Terrain zwingt die Menschen in die wenigen landwirtschaftlich nutzbaren Gegenden entlang der Wasserwege und im Umkreis der Oasen. Die finden sich nun entlang der afghanischen Ringstraße, jener einzigen Verkehrsader, die das Land kreisförmig umschlingt. Hier zeigt sich eine weitere strategische Bürde, die Afghanistan seinen Menschen aufzwingt: Die wenigen Verkehrswege sind natürlich auch die Lebensadern. Wer die Straßen beherrscht, der beherrscht das Land. Gleichzeitig aber bietet das zerklüftete und schwer zugängliche Gebirge perfekte Deckung und Schutz für jeden Feind. Wer das Land nicht beherrscht, kann sich also immer der Herrschaft entziehen – und zumindest mit den Methoden des Guerillakampfes für Unsicherheit sorgen.

Das lange Leiden

Afghanistan erlebte in den letzten 30 Jahren eine der schlimmsten Kriegsperioden seiner Geschichte. Der Coup gegen Mohammad Daud löste eine mörderische Phase der Besatzung, des Bürgerkriegs und der Gewaltherrschaft aus, die das Land nachhaltig traumatisierte und verrohte. Nimmt man die durchschnittliche Lebenserwartung von 44 Jahren, dann hat kaum ein erwachsener Afghane eine Erinnerung an friedliche Zeiten.

Die Sowjetunion besetzte in den Weihnachtstagen 1979 Kabul und später das gesamte Land – als Antwort auf einen innerafghanischen Machtkampf in der Kommunistischen Partei und aus Furcht vor einer Art Einkreisung im Kalten Krieg. Wieder einmal rückte Afghanistan in das Zentrum der Weltpolitik, wie schon im 19. Jahrhundert, als das Land zum Spielfeld des »Great Game« wurde, des geopolitischen Schachspiels der Kolonialmächte um Einfluss, Grenzsicherung und Zugang zu den Meeren.

Die Briten mussten in Afghanistan gleich drei Mal die Grenzen ihrer militärischen Projektionskraft erfahren, am schmerzlichsten im ersten anglo-afghanischen Krieg, der ihnen die größte Niederlage in ihrer Kolonialgeschichte bescherte. »Mit dreizehntausend der Zug begann / Einer kam heim aus Afghanistan«, schrieb Theodor Fontane 1858 über die blutige Vertreibung der britischen Garnison aus Kabul.

Was den Briten widerfuhr, sollten die Sowjets 130 Jahre später ebenso brutal erfahren. Ihr Besatzungsregime scheiterte, weil die afghanische Widerstandsbewegung von den USA und von Pakistan für einen Stellvertreterkrieg benutzt wurde und die innersowjetischen Umbrüche unter Michail Gorbatschow keinen Platz ließen für neokommunistische Träume an der Peripherie. Damit hatte sich Afghanistan einmal mehr als unbeherrschbar erwiesen. Bis zu 1,6 Millionen Afghanen sollen in dem Krieg ihr Leben gelassen haben, fast die Hälfte der Bevölkerung befand sich auf der Flucht.

Nach dem Abzug der sowjetischen Truppen fand das Land nicht zur Einheit, im Gegenteil. Obwohl gerade noch geschlossen in ihrer Opposition gegen die Besatzer, fielen die Widerstandskämpfer nun übereinander her. Die Mudschaheddin standen in ihren Regionen gestärkt an den Hebeln der Macht, das Land spaltete sich auf in funktionierende Gliedschaften, die untereinander in Konkurrenz traten und um die Macht in Kabul rangen. Nach dem Sturz des noch von den Sowjets installierten Statthalters Mohammed Nadschibullah im Frühjahr 1992 behaupteten die Milizen und Warlords ihre Autonomie und trugen weiter zum Zerfall des Staates bei. Der Krieg wurde vornehmlich um die Hauptstadt ausgetragen, Kabul trug nach dem Ansturm der Mudschaheddin gegen die sowjetischen Besatzer nun die Hauptlast des Bürgerkriegs.

1994 tauchte dann eine neue Bewegung auf, die das alte Kriegsszenario aus Warlords und Stammesführern durcheinanderbrachte. Die Taliban, die sogenannten Religionsschüler, rekrutierten sich aus den Madrassas im paschtunischen Stammesgebiet, zogen meist junge, chancenlose Männer, häufig auch Waisenkinder an. Ihr Aufstieg war ohne die Islamisierung der Bevölkerung in den Flüchtlingslagern nicht denkbar gewesen, vor allem aber nicht ohne die Steuerung und Finanzierung durch den pakistanischen Geheimdienst ISI und mittelbar durch den amerikanischen Geheimdienst CIA, auch wenn die USA keinen direkten Einfluss auf die Taliban nahmen. Der ISI erhoffte sich durch die Bewegung neue Chancen bei der Gestaltung der inneren Situation in Afghanistan und eine Schwächung der paschtunischen Gruppen, die nach wie vor einen eigenen paschtunischen Staat im Grenzgebiet anstrebten. Außerdem wollte man einen stabilen Verbündeten im Westen schaffen, um Spielräume für den Konflikt mit Indien zu erhalten.

Der Siegeszug der Bewegung war beeindruckend. Zwischen 1994 und 1996 eroberten die Religionsschüler alle strategisch bedeutsamen Städte im Süden, zuletzt Kabul. Bis 1998 dehnten sie ihren Einflussbereich in den Norden aus, wobei sie mit Brutalität und Ruchlosigkeit Furcht und Schrecken verbreiteten. Nach und nach unterwarfen sie das Land ihren strengen Lebensregeln und setzten vor allem in den Städten die harten Strafen der Scharia durch. Entgegen weitverbreiteter Ansichten verboten auch die Taliban zunächst nicht den Mohnanbau. Im Gegenteil: Zusammen mit einem florierenden Schmuggelgeschäft für Waren aller Art finanzierten sie mit dem Drogenhandel ihr Dasein und den Krieg. Nur im Sommer 2001, wenige Wochen vor den Terroranschlägen in den USA, wurde die Mohnproduktion drastisch reduziert – vermutlich wegen einer Überversorgung auf dem Markt, die zu einem Preiseinbruch beim Heroin geführt hatte.

Anders als die Milizen und Stammesverbände einte die Taliban ein höheres, ideologisches Ziel: die Errichtung eines Gottesstaates, dessen Wertekanon allerdings weniger auf einer strengen Auslegung des Koran basierte als auf einer kruden Mischung aus paschtunischen Stammesregeln und islamistischen Lebensvorstellungen.

Die islamistische Ausrichtung und die seit 1998 systematisch betriebene Selbstisolierung machte den Taliban-Staat attraktiv für militante Gotteskrieger aus aller Welt, die in Afghanistan ihre Ziele ungestört verfolgen und Ausbildungslager für den weltweit betriebenen Dschihad aufbauen konnten. Charismatische Figuren wie der al-Qaida-Führer Osama bin Laden kauften sich Einfluss und Macht im Gefüge der Taliban und durften sich umgekehrt der Protektion sicher sein.

Bis 2001 waren die Taliban und mit ihnen Afghanistan geächtet, von den Vereinten Nationen isoliert, als internationaler Akteur unbedeutend. Die Urheberschaft für Terroranschläge in Kenia, im Jemen, in Saudi-Arabien und andere Attentate wurde zwar in Afghanistan ausgemacht, und die Brutalität im Inneren, die Missachtung kultureller Güter und vor allem die harsche Unterdrückung der Frauen hatten die Taliban auch im Westen als Bedrohung sichtbar werden lassen. Dass aber in ihrem Schatten al-Qaida wuchs und ein neuartiger Terror – diese Bedrohung und ihre neue Dimension war noch nicht von der breiten Masse im Westen erkannt worden. Grund genug für eine Intervention war all das nicht.

Kriegserklärung an die Welt

Die Terroranschläge in New York und Washington rückten Afghanistan schlagartig wieder in den Mittelpunkt der Weltpolitik. Diesmal waren es nicht die koloniale Großmacht England oder die sich selbst auflösende Supermacht Sowjetunion, die sich provoziert oder zur Invasion genötigt sahen. Es war die amerikanische Nation, die letzte, die einzig verbliebene Supermacht, das durch militärische, politische und kulturelle Dominanz enteilte Imperium, das angegriffen wurde aus dem »Zentrum der Finsternis«, wie Afghanistan schnell genannt wurde. Hier die unipolare Macht, die Anführerin der mächtigsten Bündnisse der Welt – dort ein geopolitischer Niemand, ein gescheiterter Staat ohne jede Struktur und innere Autorität, gefangen in bitterer Armut und Rückständigkeit.

Diese einmalige Konstellation bot jedem auch nur minder fantasiebegabten Geist in der muslimischen Welt, aber auch anderswo Stoff für ein episches Drama. Es war eine

Konstellation, die al-Qaida und ihr Führer Osama bin Laden bewusst herbeigeführt hatten. Amerika, der Westen, die verwundeten Demokratien sollten in ihrem rasenden Schmerz um sich schlagen. Nichts würde die Muslime in aller Welt stärker vereinen als der übermächtige Zorn des verhassten Westens, nichts würde die Unterdrückung und Benachteiligung der muslimischen Massen besser sichtbar machen – geschaffen war die perfekte emotionale Mischung, um die islamistische Bewegung zu einen.

Sofort nach den Attentaten vom 11. September 2001 zogen sich die Taliban und die ausländischen al-Qaida-Kämpfer aus ihren Lagern in Afghanistan zurück. Dort hätten sie ein zu leichtes Ziel für amerikanische Cruise Missiles abgegeben. Osama bin Laden schickte seine Führungsmannschaft außer Landes, und als die amerikanische Luftwaffe am 7. Oktober die Operation Enduring Freedom begann, stand die Nordallianz – ein Verbund ehemaliger Mudschaheddin und Warlords – bereit, um den Bodenkrieg in Richtung Kabul voranzutreiben. Die Hauptstadt wurde von den Taliban Anfang November kampflos aufgegeben, die letzte Hochburg im Süden, Kandahar, am 8. Dezember geräumt. Die Taliban zogen sich in das paschtunische Stammesgebiet auf pakistanischem Territorium zurück, ihre Führungsmannschaft entzog sich, wie auch die Spitze von al-Qaida, dem Kampf.

Die USA waren nicht allein in dem Krieg, auch wenn sie die unmittelbare Kampfphase nach dem 11. September allein organisiert und mit Hilfe der allzu kampfbereiten Nordallianz gewonnen hatten. Ausgestattet mit einem Mandat der Vereinten Nationen und gestützt von unzähligen Loyalitäts- und Bündnisbekundungen aus aller Welt konnte Washington zu Beginn des Jahres 2002 einen der wichtigsten Trümpfe spielen. Die NATO hatte unmittelbar nach den Terrorangriffen den Bündnisfall nach Artikel 5 ihrer Satzung festgestellt. Alle Mitglieder waren damit automatisch verpflichtet, zum Schutz und zur Verteidigung eines Mitglieds militärisch einzugreifen. Noch nie zuvor in der Geschichte der Allianz war Artikel 5, die stärkste Verpflichtungsklausel, aktiviert worden. Und niemand hatte gedacht, dass es ausgerechnet die USA sein würden, die einem Angriff ausgesetzt waren.

Beginn einer neuen Zeitrechnung

Die Bundesrepublik Deutschland ergriff nach der Vertreibung der Taliban die Initiative und stieß einen politischen Prozess an, der sich mit der Zukunft Afghanistans befassen sollte. Auf dem Bonner Petersberg wurden im November und Dezember 2001 die wichtigsten Akteure des afghanischen Theaters zusammengebracht, um über eine Nachkriegsordnung zu beraten. Weil Afghanistan in diesem Moment über keine aktive Parteienlandschaft verfügte und die innenpolitischen Gruppierungen unter den Taliban aufgerieben oder ins Ausland vertrieben worden waren, geriet die Zusammensetzung der Konferenz mehr oder weniger zufällig. Vier Gruppierungen einigten sich auf die Einsetzung eines Übergangspräsidenten, Hamid Karzai, und die Einberufung einer verfassunggebenden Versammlung. Karzai selbst nahm an den Petersberger Gesprächen nicht teil. Unter dem Schutz einer von den Vereinten Nationen mandatierten Truppe (International Security Assistance Force –

ISAF) wurde er später nach Kabul gebracht und nahm Ende Dezember seine Arbeit auf. Im Frühjahr bestätigte eine große Stammesversammlung (Loya Jirga) seine Rolle.

Die verfassunggebende Loya Jirga verabschiedete zwei Jahre später eine neue afghanische Verfassung, die erste, die reguläre Wahlen möglich machte. Die Präsidentschaftswahl, mit einer erstaunlich hohen Beteiligung von etwa acht Millionen Menschen, brachte Karzai erneut in das Amt. Für die zweite Präsidentschaftswahl, geplant für August 2009, hatten sich gar 15 Millionen Wahlberechtigte registrieren lassen.

Der Wiederaufbau des Landes und der Schutz vor den Taliban geriet freilich schnell in den Schatten eines anderen militärischen Großereignisses: der amerikanischen Invasion im Irak im Frühjahr 2003. Anderthalb Jahre nach dem Sturz der Taliban konzentrierte sich Washington nur noch auf das vermeintlich wichtigere Ziel – die Vertreibung Saddam Husseins. In strategischer und politischer Fehlkalkulation, getrieben von noch nicht gestillten Rachegelüsten nach 9/11, schwenkte die amerikanische Militärmaschine auf das gewaltige Objekt Irak um und begann die Aufgabe in Afghanistan sträflich zu vernachlässigen.

Die Anfangsmonate mit der Regierung Karzai waren ermutigend, die Gewalt ging scheinbar zurück, und selbst Fachleute wie der UN-Sondergesandte für Afghanistan, Lakhdar Brahimi, rieten zu einem »light footprint«, einer zurückhaltenden Präsenz und einem behutsamen Auftreten in Kabul. Amerika zeigte zudem ein krasses Desinteresse an der Entwicklung Afghanistans nach der Vertreibung der Taliban. Die Macht wurde zunächst in die Hände der Warlords gelegt, die mit hohen Summen ausgestattet die

Zentralregierung zu einer Scheinveranstaltung degradierten oder als Kabinettsminister sich neue Pfründe zu sichern versuchten.

Die Zuversicht war also von kurzer Dauer. Zwar dehnte die internationale Gemeinschaft nach und nach ihre Präsenz über das ganze Land aus, und Provinz-Aufbauteams übernahmen von 2003 an die regionale Koordination von Sicherheit und Wiederaufbau. Was aber in der Theorie gut gemeint war, erwies sich in der Praxis als schwierig. Erstens fehlten der Entwicklung das wirkliche Interesse und der Gestaltungswille einer US-Regierung, die sich ausdrücklich nicht für einen Staatsaufbau zuständig fühlte. Widerstrebende Konzepte und Akteure führten zu Verschwendung von Ressourcen und Zeit. Zweitens litt Afghanistan unter der Spannung zwischen den Kriegsfürsten in der Provinz und der Zentralregierung, die mit einem zaudernden Präsidenten an der Spitze viele Chancen vergab. Und drittens war der Krieg gegen die Taliban nicht vorüber – er hatte noch nicht einmal wirklich begonnen.

Die Taliban ließen schon 2002, ernsthaft aber erst im Frühjahr 2003 ihre Präsenz mit Attacken in den Provinzen Helmand und Zabul spüren. Nach der Vertreibung aufgefangen und finanziert vom pakistanischen Geheimdienst ISI, gruppierte sich die Spitze um Mullah Omar im pakistanischen Quetta und baute eine neue Führungsstruktur auf. Das afghanisch-pakistanische Grenzgebiet wurde zu ihrem neuen Machtbereich. Schnell übernahmen sie die Kontrolle über strategisch wichtige Städte in Pakistan. Die Grenzprovinzen in den Stammesgebieten – von Balochistan über Waziristan bis Bajaur – entglitten so völlig der Kontrolle der Regierung in Islamabad. Der Konflikt wich unter dem aus

Afghanistan aufgebauten Druck in Richtung Westen aus – hinein in das pakistanische Kernland.

Aber die westliche Allianz konnte die Taliban auch aus Afghanistan nicht fernhalten. Zunächst provozierten die Gotteskrieger die internationalen Truppen mit sporadischen Übergriffen, später führten sie regelrecht militärische Operationen durch. Im August 2003 mussten bereits 220 afghanische Tote beklagt werden. Bis zum Herbst dieses Jahres hatten die Taliban auf ihre Art den Krieg erneut erklärt – aber weder die USA, die gerade im Irak den Krieg begonnen hatten, noch die übrigen westlichen Nationen nahmen das Problem ernst.

Mit der Verlegung der PRT-Truppen (Provinz-Aufbauteams) in die Provinzen schwoll auch das Potenzial der Taliban an. Im unruhigen Süden wurden vor allem Briten, Niederländer und Kanadier sofort nach ihrer Ankunft in Gefechte verwickelt. Besonders in der Provinz Helmand und in der Taliban-Hochburg Kandahar mussten die westlichen Soldaten feststellen, dass sie es mit einer wohlorganisierten Armee zu tun hatten, die regelrechte Kampfbataillone an die Front schickte, Nachschubwege und Versorgungseinheiten in Stellung brachte und keinen Mangel an Waffen zu beklagen hatte. Der Mythos vom einsamen Guerillakämpfer zerfiel in Windeseile. Im Spätsommer 2006 verhinderten NATO-Truppen im letzten Augenblick den Fall von Kandahar. Die Gewalt wuchs in einem Maß an, das jeden Aufbau staatlicher Institutionen undenkbar machte. Westliche Truppen hoben gewaltige Waffenlager aus, und sogar ein Feldhospital der Taliban wurde enttarnt. Allein im zweiten Halbjahr 2006 flogen alliierte Truppen 2100 Luftangriffe, die auch viele Zivilisten das Leben kosteten. Die Taliban weiteten ihre Taktik aus, setzten vermehrt Selbstmordattentäter ein und bauten primitive Straßenbomben, die sich als eine der größten Gefahren für die westlichen Truppen entpuppten. Die Zivilbevölkerung wurde als Schutzschild missbraucht, die ausländischen Truppen gerieten immer tiefer in einen unsauberen Krieg.

Bis zum Jahr 2008 erlebte Afghanistan einen stetigen Anstieg von Gewalt, der einherging mit einer Verstärkung der Truppen. Ende 2008 waren etwa 60 000 ausländische Soldaten im Land stationiert, bis Sommer 2009 sollen 20 000 zusätzliche amerikanische Einheiten dazustoßen. Auch europäische Truppensteller haben eine (bescheidenere) Vergrößerung ihrer Kontingente angekündigt, offiziell um die bevorstehenden Präsidentschaftswahlen zu schützen. Tatsächlich war keiner Regierung die gefährliche Situation entgangen, in die Afghanistan geraten war. »Täuschen Sie sich nicht, wir verlieren diesen Krieg«, sagte der amerikanische ISAF-Oberbefehlshaber David McKiernan im Herbst 2008, um die Truppensteller wachzurütteln.

Der Trend ist noch lange nicht gebrochen. Absolute Zahlen nennt die NATO nicht. Sie gibt nur Vergleichsgrößen bekannt. Danach aber kam es auch noch im Jahr 2008 zu 27 Prozent mehr Angriffen mit Hilfe von Sprengfallen, 119 Prozent mehr Angriffen auf afghanische Sicherheitskräfte, 50 Prozent mehr Morde und Entführungen. Lediglich Selbstmordattentate gingen zurück; insgesamt stieg die Zahl der gewaltsamen Auseinandersetzungen aber um 33 Prozent, die Zahl der gefallenen Allianz-Soldaten um 35 Prozent und die Zahl der getöteten afghanischen Zivilisten um bis zu 45 Prozent. 90 Prozent dieser Toten haben dabei die Taliban auf dem Gewissen.

Die Statistik sagt allerdings auch, warum es zu einem derart hohen Anstieg kam. Zu den 60 000 Soldaten der Allianz kamen nämlich nach und nach Bataillone der afghanischen Armee (Kandaks) hinzu, die ihre Einsatzfähigkeit erreicht hatten. 13 dieser Kandaks wurden 2008 in Dienst gestellt, 46 afghanische Bataillone waren danach in der Lage, eigenständige Operationen durchzuführen. Die afghanischen Sicherheitskräfte übernahmen zunehmend die Last bei den Kämpfen – und trugen auch das Risiko.

Ermöglicht wurde so eine kontinuierliche Offensive gegen Hochburgen der Taliban – in Distrikten, die bisher nicht von den westlichen Truppen bewacht werden konnten und unter die Kontrolle der Taliban gefallen waren. Auch das erklärt den Anstieg der gewaltsamen Zwischenfälle. Ein milder Winter tat sein Übriges.

Eine bedeutende Zäsur bildete in dieser Phase die Präsidentschaftswahl in den USA. Der Amtswechsel von George W. Bush hin zu Barack Obama bot dem amerikanischen Regierungsapparat und den Verbündeten der USA die Chance, den Einsatz in neuem Licht zu betrachten. So geriet Afghanistan nach Jahren der Vernachlässigung wieder in das Zentrum der internationalen Aufmerksamkeit. Der neue Präsident ordnete als erste außenpolitische Maßnahme eine strategische Generalinventur an. Im Ergebnis wandte sich Obama vom Irak ab, den er als zunehmend befriedet und lebensfähig erachtete, und lenkte die Aufmerksamkeit der USA erneut auf Afghanistan. Irak, das war George W. Bushs Krieg gewesen, mit dem sich Obama nicht identifizieren wollte. Afghanistan, das ist für die neue US-Regierung eine bleibende Aufgabe, der eigentliche Auftrag aus den Tagen des Terrors. Obama machte sich diesen Konflikt zu eigen.

Im Mittelpunkt der neuen Afghanistan-Politik steht eine längst überfällige Ausdehnung der strategischen Perspektive. Erstmals seit der Vertreibung der Taliban wurde der eigentliche Konfliktherd benannt: die Stammesgebiete im afghanisch-pakistanischen Grenzgebiet. Hier liegt das eigentliche Rückzugsgebiet und der Rekrutierungsraum der Taliban, hier operiert die Bewegung unter dem Schutz des pakistanischen Geheimdienstes ISI, der die Taliban Anfang der 1990er Jahre maßgeblich aufgebaut und finanziert hatte. Pakistan sah in den Taliban immer ein Instrument zur Destabilisierung Afghanistans. Das Ziel der pakistanischen Regierung war es gewesen, das eigene Land vor einem Zwei-Fronten-Konflikt mit Indien an der Südflanke und paschtunischen Separatisten an der Nordwestflanke zu bewahren. Auch wurde Indien immer verdächtigt, mit Hilfe afghanischer Kräfte Pakistan schwächen zu wollen. Die Taliban mit ihrer religiösen Motivation schienen dem ISI Garant dafür, dass ein paschtunischer Separatismus im Keim erstickt und eine afghanische Front gegen Pakistan verhindert werden könnte.

Plötzlich aber hatten sich die Taliban und vor allem die unter dem Taliban-Mäntelchen operierenden radikalen islamistischen Kämpfer verselbstständigt und bedrohten ihrerseits den Bestand der Schutzmacht Pakistan. Der Anschlag auf das Marriot-Hotel in Islamabad am 20. September 2008 war für den gerade in sein Amt eingeführten Präsidenten Asif Ali Zardari ein schrilles Warnsignal.

Auch die USA hatten bereits in den letzten zwei Jahren der Bush-Regierung erkannt, dass sie Pakistans Doppelgesichtigkeit nicht weiter tolerieren konnten. Die USA steckten in einem Dilemma: Einerseits mussten sie sich der

Gefolgschaft der moderaten Führung in Islamabad versichern, allein wegen der Kontrolle der pakistanischen Nuklearwaffen. Andererseits gebot die Lage in Afghanistan, den Krieg gegen die Taliban auf das eigentliche Rückzugsgebiet der Gruppe in Pakistan auszudehnen. Pakistans Schaukelpolitik wurde zum eigentlichen Problem für die Sicherheit in der Region. Andere Staaten als die USA, Deutschland etwa, hatten nur wenig Einfluss auf Islamabad. Die pakistanische Regierung war es gewohnt, lediglich mit den USA über ihre strategischen Interessen zu verhandeln. Deutschland, das zwar ein Offiziersaustauschprogramm mit Pakistan unterhält, hat wenig zu bieten. Auch zum zweiten wichtigen Spieler, Indien, waren die Beziehungen schlecht gepflegt – Berlin musste bei dem eigentlichen außenpolitischen Schlüsselspiel notgedrungen von der Seitenlinie aus zuschauen.

Zum ersten Mal seit Beginn der Auseinandersetzung mit dem islamistischen Terror gewann die amerikanische Politik ein realistisches Bild von der Komplexität dieses Krieges. Sieben Jahre nach dem 11. September 2001 entstand eine strategische Perspektive, die ungetrübt war von unmittelbaren Rachegelüsten, Scheingefechten und ideologischer Verbrämung. Die ursprünglich von den amerikanischen Neokonservativen gehegte Demokratisierungs-Fantasie, Dominotheorien über den Fall islamischer Regime, das Allmachtsgefühl einer unvergleichbar starken Kriegsmaschinerie – all das machte Platz für eine nüchterne Analyse.

Auf einmal befasste sich die amerikanische Politik mit den historischen und kulturellen Wurzeln des Krieges, verstand die regionalen Eigenarten des besetzten Territoriums, justierte die Erwartungen an eine afghanische Zentralmacht und wandte sich den regionalen Machthabern zu. Erstmals flossen kriegswichtige Faktoren wie der Drogenanbau und Waffenschmuggel in das Kalkül ein. Zum ersten Mal wurden der Einfluss und das Interesse der afghanischen Nachbarn – vor allem Irans und Pakistans, aber auch Tadschikistans und Usbekistans – ernst genommen.

Vor allem aber machten sich die USA eine Antiterror- und Aufbaustrategie zu eigen, die in den vorausgegangenen Jahren vernachlässigt worden war. Ausgestattet mit einer Aufstandserfahrung aus dem Irak, erkannte die militärische Führung, dass der Einsatz massiver Kampfverbände und die Luftüberlegenheit mit Hilfe von Drohnen und fliegenden Festungen auf Dauer keine Sicherheit garantierten. Die »Politik der tausend kleinen Schnitte«, schon von den afghanischen Mudschaheddin gegen die sowjetischen Besatzer erfolgreich angewandt, konnte auch die neuen Fremden ausbluten lassen.

Afghanistan soll so etwas wie eine zweite Chance erhalten, oder besser: Die internationale Koalition gibt sich selbst eine zweite Chance, um eine schmachvolle Niederlage und einen demütigenden Abzug abzuwenden. Das wichtigste Motiv für diesen neuerlichen Anlauf liegt in der Erkenntnis, dass Afghanistan zu bedeutend und potenziell zu gefährlich ist, als dass man es sich selbst überlassen könnte. Dieses Territorium ist zu oft Spielball der Weltgeschichte gewesen und hat Schicksale weit über seine Grenzen hinaus beeinflusst. Noch einmal soll Afghanistan nicht zum namenlosen Puffer werden, zum Faustpfand seiner Nachbarn, zur Brutstätte für Radikalität aller Art.

Afghanistan und seine Rückständigkeit sind nicht nur das Problem von ein paar Millionen Menschen, von Clans,

Warlords und Drogenbaronen. Afghanistan ist – bei all seiner Unscheinbarkeit – von weltpolitischer Bedeutung. Ohne Zugang zum Meer, eingezwängt inmitten der größten Landmasse der Erde, hat es vier Nuklearmächte und einen Möchtegern-Nuklearstaat zum Nachbarn: Indien, Pakistan, China, Russland und Iran. Als weltgrößter Heroin-Produzent ist es für die Flutung der internationalen Drogenmärkte verantwortlich. Der Waffenhandel blüht in seinen Grenzen, so wie alle möglichen Formen der Rechtlosigkeit und der Willkür ein leichtes Spiel haben.

Nach dreißig Jahren Krieg, Bürgerkrieg und unter einer fanatischen Gewaltherrschaft war das Land ausgeblutet, fanden sich keine belastbaren Strukturen mehr – keine Verwaltung, keine Führungspersönlichkeiten, keine Infrastruktur für Bildung, Handel oder Mobilität. Afghanistan war ein zerfallener Staat, lediglich das Gerippe einer Ordnung, in dem sich Willkür, Verbrechen und Terror einnisten konnten. Als eines der ärmsten Länder der Erde war Afghanistan anfällig für jede Form des Missbrauchs – und missbraucht wurde es wahrlich genug.

Der Einsatz der internationalen Gemeinschaft gehorchte deswegen nicht nur dem Gebot der Fürsorge, sondern war auch ein Akt des Selbstschutzes. Die Staatenwelt reagierte auf die größte terroristische Bedrohung, die jemals aus ihrer Mitte heraus entstanden war. Sie befriedigte ein Sicherheitsbedürfnis, das urplötzlich sichtbar wurde und alle Merkmale der neuen Ordnungslosigkeit in einer globalisierten Welt in sich trug: Fanatisierte, nichtstaatliche Gruppen nutzen die Waffen eines asymmetrischen Kampfes, um Instabilität zu säen und Unfrieden zu stiften. In Afghanistan taten sie das zum ersten Mal im Schutz eines souveränen Staates, den sie sich mit Geld und ideologischer Anbiederung aneignen konnten.

Dies war nicht nur ein Problem der USA, obgleich sich das Land als primäres Ziel der neuen asymmetrischen Kriegsführung sehen konnte. Amerika taugte als Feindbild, weil es die größte Projektionsfläche der Radikalen abgab. Unzufriedenheit, Wut über die eigene Rückständigkeit, über Armut, über kulturelle Dominanz, Machtfantasien und xenophobische Exzesse in einer zusammenrückenden Welt – all das entlud sich über das Vehikel des globalen Dschihad, eines Glaubenskampfes, der freilich mit Religion nur äußerlich zu tun hatte. Und im Epizentrum dieses kulturellen Konflikts lag Afghanistan, mit seiner Geografie und seiner Geschichte. Dieses Gebilde ließ eigentlich nur ein Urteil zu: Dieses Land ist nicht beherrschbar; dieses Land wird sich immer einer Ordnung entziehen, weil es kein Gravitationszentrum hat. Afghanistan, so die historische Lehre, wird immer ein wildes Land bleiben.

3. Der deutsche Selbstbetrug

Angriff auf den Rest der Welt

Am Spätnachmittag des 14. September 2001, drei Tage nach der Zerstörung des World Trade Centers, kamen auf der Straße des 17. Juni vor dem Brandenburger Tor einhunderttausend Menschen zu einer Kundgebung zusammen. Die Attentate hatten auch die Öffentlichkeit in Berlin gelähmt, und der gerade im Land angekommene US-Botschafter Dan Coats stand auf der Tribüne, um deutsche Solidaritätsadressen entgegenzunehmen. Die stärkste war zwei Tage zuvor im Parlament von Bundeskanzler Gerhard Schröder selbst ausgesprochen worden, der US-Präsident George W. Bush die »uneingeschränkte Solidarität« Deutschlands zusicherte. Vor dem Brandenburger Tor aber reckte einer aus der Menge zwischen all den amerikanischen Fahnen ein handgeschriebenes Schild in die Höhe, deutlich zu erkennen von den Fernsehkameras: »Mr. President, no war!«

Die Furcht war nicht ganz unbegründet. Sofort war nach den Terroranschlägen klar, dass die Supermacht eine Herausforderung dieser Art nicht unbeantwortet lassen würde. Amerika wurde der Krieg erklärt, und Amerika würde die Kriegserklärung annehmen – nur von wem? Wo und gegen wen sollte es kämpfen? Wie sollte es seine Dominanz unter Beweis stellen? Und wann würde das Ganze enden?

Die internationale Gemeinschaft reagierte in großer Geschlossenheit. Der NATO-Rat beschloss am 12. September einstimmig den Bündnisfall für die gesamte Allianz.

Artikel 5, die zentrale Beistandsklausel, wurde zum ersten Mal in der Geschichte der Allianz aktiviert. Am selben Tag verabschiedete der UN-Sicherheitsrat Resolution 1368, die Basis für den amerikanischen Militäreinsatz Operation Enduring Freedom (OEF), der den Terrorkampf auf vier Kontinenten ermöglichte und den Einmarsch in Afghanistan. Am 20. Dezember genehmigte der UN-Sicherheitsrat die Einrichtung einer internationalen Sicherheitsbeistandstruppe (ISAF) für Afghanistan auf Bitten der Teilnehmer der Petersberger Konferenz (Resolution 1386). Die ISAF sollte die afghanische Interimsregierung schützen und die Sicherheit in Kabul und Umgebung aufrechterhalten. Der Bundestag stimmte zwei Tage später der Entsendung deutscher Soldaten im Rahmen der UN-Mission zu – das Vorauskommando erreichte Kabul am 2. Januar und ging zwei Wochen später das erste Mal auf Streife. Nach dem erstaunlich kurzen Krieg und der Vertreibung der Taliban schien Afghanistan einem von internationaler Hand geschützten Aufbau entgegenzugehen. Die Bundesregierung erklärte sich bereit, einen Beitrag zum Schutz der neuen Regierung zu leisten.

Ein unklares Mandat

Aber welchen Beitrag genau wollte Deutschland leisten? Was eigentlich sollte seine Aufgabe sein in Afghanistan? Und wussten Bundesregierung und Parlament, auf was sie sich da einließen?

Die Grundlage für das deutsche Einsatz-Dilemma war bereits mit dem Mandat gelegt. Oder besser: mit den Mandaten, die aus den beiden UN-Resolutionen erwuchsen. Auf der Basis des ersten Mandats starteten die USA Operation Enduring Freedom (OEF), den Krieg gegen al-Qaida und die Taliban, um einen Machtwechsel in Afghanistan zu erzwingen und um gesuchte Terroristen zu jagen. ISAF, basierend auf dem zweiten Mandat, sollte hingegen die neue afghanische Regierung schützen und das Land beim Aufbau stabilisieren. 2003 wurde das Kommando für ISAF in die Hände der NATO gelegt. Gleichzeitig erlaubte der UN-Sicherheitsrat die Ausdehnung des ISAF-Mandats für Gebiete auch außerhalb Kabuls.

Um der wachsenden Unsicherheit in den Provinzen Herr zu werden, sollte das ausländische Militär Stück für Stück in den Provinzen Gesicht zeigen und »Provinz-Aufbauteams« (PRT) etablieren. Deutschland übernahm sein erstes PRT, das damals noch Insel genannt wurde, in der Stadt Kunduz, die zwischen Taliban und Milizenführern schon in den 90er Jahren heftig umkämpft gewesen war. Kurze Zeit später dehnte ISAF sein Mandat auch in den Süden und Osten des Landes aus, wo immer mehr Truppen aus dem OEF-Befehlsbereich herausgelöst und ISAF unterstellt wurden. Eine Mandatstrennung machte geografisch und auch inhaltlich immer weniger Sinn.

Erst mit einem klugen Schachzug gelang es den USA, die Parallelwelt in der Befehls- und Kommandostruktur letztlich aufzulösen. ISAF und OEF wurden demselben amerikanischen Kommandeur unterstellt. Nach Jahren befehlshaberischer Verwirrung und unklarer Mandatsverteilung war mit dem Wiederaufleben des Taliban-Krieges klar, dass die ISAF-Truppe im Süden oft dieselben Aufgaben zu erfüllen hatte wie die mit einem eindeutigen Kampfmandat ausgestattete OEF-Truppe. Eine klare Trennung der Aufgaben war in dieser instabilen Region weltfremd. Wenn Einheiten unter Feuer gerieten, mussten sie sich wehren. Wenn ein Trupp Taliban erkannt wurde, musste er verfolgt werden. Wenn ganze Distrikte eingeschüchtert wurden und unter die Knute der Religionsschüler gerieten, dann musste eine NATO-Einheit Präsenz zeigen, Territorium verteidigen, der Zivilbevölkerung Schutz bieten und den Taliban die Kontrolle entziehen.

Die Bundesregierung nahm die unterschiedlichen Mandate indes zum Anlass, eine Zweiteilung des Auftrags zu konstruieren, an der sie bis heute festhält. Die Einsatzregeln für das deutsche Kontingent wurden entsprechend defensiv ausgelegt. Im öffentlichen Bewusstsein und in der politischen Debatte in Deutschland setzte sich fest, dass ISAF einem sanften, dem Aufbau und der Sicherung dienenden Auftrag folgte, während OEF den offensiven Kampf gegen die Taliban und al-Qaida suchte. Mit der Realität, vor allem im Süden, hatte diese Teilung indes nichts zu tun. Auch nicht mit der Mandats-Interpretation anderer Nationen.

In den Südprovinzen, aber auch im eigentlich ruhigen Norden scherte sich kein Taliban darum, ob er nun auf eine ISAF-Patrouille stieß oder einen Trupp OEF-Soldaten. Ziel der Taliban war und ist es, mit den Angriffen ausländische Truppen insgesamt zu treffen, sei es in der Hauptstadt Kabul, am Flughafen, im Norden in Kunduz oder in der alten Hochburg Kandahar. Das Ziel der Taliban ist die Vertreibung der Besatzungstruppen und die Rückkehr an die Macht. Vor den Lagertoren der ausländischen Garnisonen führten die Taliban keine Mandatsdiskussion. Und selbst die afghanische Regierung und die neu geschaffene afghanische Armee verstand die Mandats-Trennung nie. Die Bedrohung ließ sich einfach nicht fein säuberlich auseinanderhalten.

ISAF soll die afghanische Regierung »bei der Aufrechterhaltung der Sicherheit« unterstützen, auf dass Behörden und internationales Personal »in einem sicheren Umfeld« arbeiten können, so das Mandat der Vereinten Nationen. Um dieses Ziel zu erreichen, können die UN-Mitglieder, so die Resolution, »alle notwendigen Maßnahmen« ergreifen – eine Formulierung, die den Einsatz militärischer Gewalt einschließt. Die kanadischen, amerikanischen oder niederländischen Truppen berufen sich auf dieses Mandat, wenn sie im Süden Krieg gegen die Taliban führen. Für die dort stationierten NATO-Truppen ist klar, dass sie sich in einem feindlichen Umfeld nur behaupten können, wenn sie die Taliban bekämpfen und besiegen. Wer die Herausforderung nicht annimmt, der gibt ganze Distrikte preis und bietet sich als Zielscheibe an. Die Gesetze von Stärke und Überlegenheit sind eindeutig in Afghanistan.

Die Sicht der Deutschen

Die geografische Arbeitsteilung der NATO machte es den Deutschen leicht, die künstliche Trennung zwischen Aufbau-Mandat und Anti-Terror-Mandat aufrechtzuerhalten. Der friedliche Nordsektor passte zu den Mandatsvorstellungen der Bundesregierung, die sich 2003 dem Werben der Amerikaner um die Etablierung regionaler Teams nicht mehr widersetzen konnte. Nordafghanistan – das war der ideale Standort für die Bundeswehr, wo die deutsche Lesart des Mandats und die Lage vor Ort halbwegs miteinander harmonierten.

Die Entscheidung zur Verlagerung in den Norden fiel zeitgleich zu dem sich abzeichnenden Irak-Krieg. Die Bundesregierung hatte unter Bundeskanzler Gerhard Schröder ihre Ablehnung von George W. Bushs zweitem militärischem Großunternehmen kategorisch erklärt und den Widerstand verschiedener europäischer Länder gegen die Politik der US-Regierung angeführt. Die Kluft war gewaltig, die Spannungen innerhalb der Europäischen Union dramatisch. Die transatlantischen Beziehungen waren seit 1945 nicht mehr einer derart hohen Belastung ausgesetzt gewesen. Außenminister Joschka Fischer suchte nach einem Weg, wie er die strategisch wichtigen Beziehungen trotz der Irak-Belastung halten konnte. Die Antwort konnte mit Hilfe der NATO in Afghanistan gegeben werden. Deutschland, so die Überlegung, würde seiner Verantwortung als Bündnispartner gerecht werden, dem Druck zu stärkerem militärischem Engagement nachkommen – aber eben nicht im Irak, sondern in Afghanistan. Mit der Einbindung der NATO als Generalunternehmer für das ISAF-Mandat war auch der Beweis erbracht, dass die traditionellen Strukturen des transatlantischen Bündnisses in diesem kritischen Augenblick ihren Dienst leisteten.

Die Atlantische Allianz übernahm also das ISAF-Kommando in Kabul, das allemal von den ständigen Kommandowechseln geschwächt war. Europa gab einen symbolischen Beitrag und zeigte, dass es doch noch gemeinsam handeln konnte. Und Deutschland, so Fischers Kalkül, konnte sich aus der Verantwortung in der Hauptstadt herausziehen und einen neuen Aufgabenbereich annehmen –

im weitgehend stabilen und sicheren Norden des Landes, der von den Vorausteams der Bundeswehr schnell als idealer Einsatzort ausgemacht worden war.

Deutschlands Strategie ging auf – die Ausdehnung des Einsatzes auf die Provinzen war schließlich Teil der neuen amerikanischen Politik, nachdem vor allem Verteidigungsminister Donald Rumsfeld lange Zeit auf die Unterstützung afghanischer Kriegsfürsten in den Provinzen gesetzt hatte. Diese Strategie aus der Anfangsphase des Afghanistan-Kriegs war nun gebrochen. Deutschland hatte dabei eine kluge Rolle gespielt, indem es die NATO in die Verantwortung gedrängt und zu ihrem schwierigsten Einsatz bewegt hatte. Das politische Kalkül musste nun durch Taten unterfüttert werden.

Der erste Außenposten der Deutschen wurde in Kunduz in der gleichnamigen Provinz errichtet. Dann entstand ein Feldlager in Fayzabad in der Provinz Badakhshan im nordöstlichen Zipfel des Landes. Und schließlich baute die Bundeswehr ein gewaltiges Feldlager in Mazar-e Sharif auf, der Provinzhauptstadt von Balkh. Dort übernahm Deutschland am 1. Juni 2006 das Kommando über das Regionalkommando Nord. Mazar-e Sharif sollte zum Kommandoplatz für den gesamten Norden werden und dient heute mit seinem professionell ausgebauten Flugplatz auch als ein Logistik-Umschlagplatz für die gesamte NATO-Truppe.

Die Verlagerung des deutschen Kontingents in den Norden spaltete die internationale Truppe endgültig. Die Sicherheitslage in den Landesteilen nämlich hätte unterschiedlicher nicht sein können. Aber statt dies anzuerkennen und den im Süden stationierten NATO-Einheiten zumindest moralische Unterstützung zukommen zu lassen, gefiel sich die deutsche Politik in Besserwisserei. Das deutsche Aufbaukonzept im Norden wurde als vorbildlich gepriesen, während es an Kritik an der Taktik der im Süden operierenden Truppen, vor allem der Amerikaner, nicht mangelte. Zu wenig zivile Hilfe werde dort geleistet, zu viele Luftangriffe würden geflogen, die Soldaten träten zu martialisch auf, es mangele an einer vernünftigen Vernetzung von Militär und Politik, der Aufbau komme nicht voran.

Diese Distanz-Analysen verschärften die Kluft in der NATO und lösten antideutsche Stimmungen etwa in der kanadischen, der britischen oder der niederländischen Bevölkerung aus, deren Militärs hohe Verluste in den Kämpfen mit den Taliban zu beklagen hatten. In Deutschland wurde die Einsicht verweigert, dass im Süden Aufbau ohne Sicherheit nicht funktionieren konnte. Dort hatte es die NATO mit einer klassischen Aufstandsbewegung zu tun, mit der Offensive der neu gruppierten und wiederorganisierten Taliban, die seit 2003 mehr und mehr Gebiete des Landes unter ihre Kontrolle nahmen und das große Ziel – ein stabiles und politisch gesteuertes Afghanistan – insgesamt gefährdeten.

Caveats – das Krebsgeschwür der NATO

Jedem NATO-Mitglied steht es offen, das Mandat einer nationalen Rechtsprüfung und einem politischen Machbarkeitstest zu unterziehen. So können Besonderheiten der eigenen Rechtsinterpretation oder politische Vorbehalte in die Einsatzregeln einfließen. Diese nationale Gebrauchsanweisung des Mandats wird in den »Rules of Engagement«

(ROE) zusammengefasst. Gleichzeitig hinterlegt jede Nation beim Oberbefehlshaber ihre Vorbehalte und erteilt Anweisung, dass die jeweiligen Truppen nur entsprechend der nationalen Regeln eingesetzt werden dürfen.

In der NATO werden diese nationalen Stoppschilder als »Caveats« bezeichnet, als Vorbehalte. Caveats – das sind notwendige Übel in einem Bündnis aus damals 26 Nationen, die unterschiedlichen Rechtsauffassungen folgen und die unterschiedliche historische Erfahrungen mit dem Einsatz ihrer Soldaten gemacht haben. Caveats, das sind aber auch die »operationellen Krebsgeschwüre der NATO«, wie es der damalige Oberkommandierende des Bündnisses und jetzige Sicherheitsberater von Präsident Barack Obama, Jim Jones, formulierte. 71 dieser Einsatzvorbehalte mussten 2006 beachtet und miteinander in Einklang gebracht werden. Manchen Nationen war der offensive Kampfeinsatz gegen die Taliban verboten, anderen der Schutz von Schulgebäuden, dritte wiederum konnten bei der Vorbereitung von Wahlen nicht helfen. Kaum eine Nation, die keine Caveats hinterlegt hat. Lediglich die USA führen einen weitgehend unbeschränkten Einsatz.

Die Vorbehalte der Deutschen schockierten die internationalen Partner und lösten eine politische und militärische Diskussion aus, die bis heute nicht verstummt ist. Im Kern lautet der Vorwurf, dass die deutschen Einsatzbeschränkungen mit der Realität in Afghanistan wenig zu tun haben, dass sie so defensiv wie bei kaum einer anderen Nation ausgerichtet sind und die operationelle Freiheit des ISAF-Kommandeurs mehr behindern als erleichtern.

Caveats werden nicht veröffentlicht, sie zählen zu den taktischen Informationen, die einem Feind nutzen können. Deutsche Caveats aber muss man nicht lesen, denn man kann sie sehen: Die Bundeswehr beteiligt sich nicht an Offensivoperationen, und sie kann auch keine Offensivoperation indirekt unterstützen. Sie lässt ihre Flugzeuge und Hubschrauber nicht nachts fliegen, weil die Piloten keine für Afghanistan tauglichen Nachtsichtgeräte haben. Die Bundeswehr hält sich beim Thema Drogenbekämpfung in jeder Form zurück. Und sie beachtet strikt ihr Einsatzgebiet. Wenn ein Taliban eine ruhige Nacht verbringen will, dann muss er einfach über die Grenze in eine Nachbarprovinz ausweichen.

Grauzone Einsatzregeln

Die Caveats spiegeln sich in den Einsatzregeln wider, die alle Vorbehalte der politischen und militärischen Führung bündeln und die Truppe täglich leiten. Nach diesen deutschen Einsatzregeln ist den Soldaten erstens der Gebrauch der Waffe nur zur Selbstverteidigung gestattet. Zweitens muss der Soldat die »Verhältnismäßigkeit der Mittel« wahren – eine auslegungsbedürftige Formulierung. Die Interpretationshilfe der Bundesregierung war dabei eindeutig: Die Truppe solle strikt defensiv agieren. Offensivoperationen sind untersagt, auch die Teilnahme an multilateralen Offensivaktionen. Gewaltanwendung ist zwar erlaubt, aber »als letztes Mittel«, nur bei »Gefahr im Verzug« und nur, wenn Kollateralschäden ausgeschlossen werden können. Ein Kollateralschaden – das ist der Tod eines Zivilisten. Wie aber unterscheidet man zwischen einem Zivilisten und einem Gegner in einer klassischen Aufstandssituation, in der die Taliban bewusst die Nähe zu den Unbeteiligten suchen, wo sie sich in Häusern und Moscheen verstecken und Kinder als lebende Schutzschilde missbrauchen?

Nach der Rechtsauffassung der Bundesregierung muss bei einem Gegner eine feindliche Absicht klar zu erkennen sein, ehe die Waffe eingesetzt werden darf. »Gefahr im Verzug« heißt das nicht nur in der Begriffswelt der Polizei, die den Beamten dazu zwingt, alle Vorsichtsmaßnahmen zu treffen, ehe er die Waffe als wirklich letztes Mittel benutzt. Die Bundeswehr unterliegt in Afghanistan einem genauso strengen Reglement, ohne dass in Afghanistan dasselbe Sicherheitsniveau vorzufinden ist wie auf dem Ku'damm in Berlin. Ein Soldat muss also erkennen, dass ein Gegner gerade einen aggressiven Akt zu begehen beabsichtigt. Dann darf er darauf reagieren. Hat der Angreifer von seinem Ziel abgelassen oder flüchtet er bereits, dann ist jede Verfolgung untersagt.

Klar ist für die Bundeswehr mit diesem Katalog, was alles nicht erlaubt ist: die aktive, ja proaktive Vertreibung Aufständischer, die Durchsuchung von Häusern, die gezielte Suche nach Aufständischen. Alles, was die Bundeswehr zum Akteur macht in diesem Kriegstheater, ist verboten. Die Truppe soll nur reagieren. Die Verwicklung in ein Gefecht, die unbeabsichtigte Tötung Unbeteiligter, die eigene Gefährdung – für die Bundeswehr im Einsatz ist klar, dass die politische und die militärische Führung keinen Ärger wollen.

Der Begriff der Selbstverteidigung und der Aktionsradius der Truppe hätten im Licht der breiten UN-Definition des Mandats (Unterstützung der afghanischen Regierung bei der Aufrechterhaltung von Sicherheit) nicht eingeengt werden müssen. Aber die Bundesregierung entschied sich für diesen engen Spielraum. Die rot-grüne Koalition, die zunächst über die Ausgestaltung des Mandats befinden musste, traute sich offenbar keinen größeren Handlungsrahmen für einen allemal nicht populären Krieg zu. Auch die Große Koalition erkannte die politische Gefahr, die in einer Ausweitung der Einsatzregeln gelegen hätte – und rührte das Thema nicht an. »Deutsche dürfen jetzt auf Taliban-Jagd gehen« – das wäre die Horror-Schlagzeile gewesen, auch wenn sie mit der Wirklichkeit in Afghanistan reichlich wenig zu tun gehabt hätte. So wurde der Spielraum beschnitten und als schweres Paket an die Truppe weitergereicht. Es sind die Soldaten, die am Ende entscheiden müssen, wo das rechte Maß der Verhältnismäßigkeit liegt, wann ihre Sicherheit bedroht ist und wann sie in eine lebensbedrohliche Situation geraten – eine schwere Entscheidung für einen Soldaten, der in einem aggressiven Umfeld und wissend um seine ständige Bedrohung in einem permanenten Abwägungsprozess steckt. Das kann ihn nur lähmen.

Vor allem die Schnelle Eingreiftruppe, Deutschlands Kampftruppe im Norden, steht mit der defensiven Natur der Einsatzregeln vor einem Dilemma, weil es in der Natur ihrer Aufgabe liegt, gegen Aufständische aktiv vorzugehen und deren Handlungsspielraum so früh wie möglich einzugrenzen. Früh – das ist aber nicht möglich nach den Regeln, weil dann keine Gefahr im Verzug herrscht. Heute, da alle militärischen Operationen zusammen mit der neu aufgebauten afghanischen Armee durchgeführt werden, ergibt sich ein zweites Problem: Wie soll die Bundeswehr einem afghanischen Soldaten klarmachen, dass er einem flüchtenden Taliban nach den deutschen Einsatzregeln nicht mehr hinterherschießen darf, dass ein davoneilender Provokateur als flüchtig gilt und damit nicht mehr angegriffen werden soll, weil die unmittelbare Bedrohung gebannt ist. In der afghanischen Armee jedenfalls ist die Sitte nicht verbreitet, Flüchtende zu verschonen.

In den offiziellen Verlautbarungen der Bundeswehr heißt es, die deutschen Kräfte setzten »letale Gewalt allenfalls als Ultima Ratio in konkreten Selbstverteidigungssituationen« ein. Deutlicher lässt sich der defensive Charakter der Mission nicht umschreiben. Es ist den deutschen Soldaten deswegen nicht vorzuwerfen, dass sie sich lieber in der Sicherheit des eigenen Feldlagers bewegen, als in ihrem Einsatzgebiet Präsenz zu zeigen und dabei in einen Abwägungsprozess geraten könnten, der jeden nur überfordert.

Die Einsatzregeln werden den Soldaten in den sogenannten »amplifying instructions« weitergegeben, aufgeschrieben auf den Soldatenkarten oder Taschenkarten. Hier wird jedem Soldaten in simplen Worten erklärt, wie weit er gehen kann – und wie weit eben nicht. Gerade die von ihren Nordirland-Erfahrungen geprägten Briten drangen auf eine deutliche Definition der Einsatzregeln, denn es liegt in der Natur eines Guerillakriegs, dass sich der Feind nicht zu erkennen gibt, dass er sich unter die Zivilbevölkerung mischt, dass er den offenen Kampf meidet. Um den Soldaten Gewissenskonflikte zu nehmen und ihnen ein klares Bild von ihrem Auftrag zu geben, sind diese Taschenkarten in der Regel eindeutig gefasst und dienen dem Schutz der Soldaten. Die deutschen Taschenkarten bedürfen indes strenger juristischer Interpretationshilfe.

Wie kompliziert die Auslegung der Regeln sein kann, zeigt der Fall eines wehrübenden Majors, der mit einer

Gruppe von etwa einem Dutzend Soldaten auf dem Schießplatz in Mazar-e Sharif sein Trainingspensum absolvierte. Plötzlich stürmten mehr als einhundert Afghanen von allen Seiten auf das Gelände und liefen wild schreiend auf die Soldaten zu. Bis zur letzten Sekunde war für die Soldaten nicht klar, ob es sich um einen Überfall handelte und ob sie zur Selbstverteidigung auf die Afghanen schießen sollten. Der Major setzte die Waffe nicht ein – zu seinem Glück. Die Afghanen hatten es lediglich auf die leeren Patronenhülsen abgesehen, die auf dem Buntmetallmarkt zu Geld gemacht werden können. Die restriktive Politik hatte sich in dem Fall ausgezahlt. Was aber, wenn eine Patrouille zu spät reagiert, weil sie die Absichten einer Gruppe Taliban falsch interpretiert? Von diesen Beispielen kann jeder Soldat nach seinem Afghanistan-Einsatz berichten. Die Regeln haben die Truppe verunsichert und in die Defensive getrieben, weil nach wie vor die oberste Maxime gilt: Die Bundeswehr greift nicht von sich aus in ihr Umfeld ein, sie reagiert höchstens auf eine Provokation.

Als die Bundeskanzlerin im April 2009 zu einem Truppenbesuch in Kunduz eintraf, flogen amerikanische F-15-Kampfflugzeuge im Tiefflug über das Lager – zur Abschreckung. Den deutschen Tornados im Einsatzgebiet ist die »show of force«, die Machtdemonstration, qua Mandat untersagt. Dieses Flugverhalten wird als offensiv eingestuft. Sie dürfen nur eine »show of presence« vorführen – den Überflug in behaglicher, ungefährlicher Höhe. Luftunterstützung in einem Kampf dürften sie überhaupt nicht gewähren – vermutlich hätten sie auch Schwierigkeiten, ein Ziel zu treffen, weil es am Boden niemanden gibt, der die genauen Koordinaten eines Ziels durchgeben könnte.

20 Minuten nach dem Abflug der Kanzlerin in einem Hubschrauber wurden zwei Raketen mit einer Reichweite von etwa sieben Kilometern auf das Bundeswehrlager abgefeuert, wie so oft zuvor in Kunduz. Die Raketen verfehlten ihr Ziel – aber dennoch war den Schützen ein Triumph vergönnt. Es war ihnen gelungen, ihre Stärke zu demonstrieren, so unmittelbar nach dem Besuch der wichtigsten Politikerin Deutschlands. Die Bundeswehr hatte sich offenbar nicht in der Lage gesehen, Merkel besser zu schützen. Sie hätte etwa Patrouillen zur Abschreckung in die hinreichend bekannten Raketendörfer im Umfeld des Lagers schicken können. Deutlicher kann man seinen mangelnden Willen zur Selbstverteidigung und zur Abschreckung nicht demonstrieren.

Die deutschen Einsatzregeln sind von einem Höchstmaß an Vorsicht geprägt. Das Militärlager in Mazar-e Sharif wurde für 70 Millionen Dollar zu einer wahren Festung aus Beton und Stahl ausgebaut, die vor allem eine Botschaft aussendet: Safety first. Der Großteil des Kontingents verlässt das Lager nie und ist mit Büroarbeiten und dem Flugplatz-Betrieb beschäftigt. Patrouillen kommen in der Regel nachts in das Lager zurück, sie funktionieren nur punktuell. Einige Langzeitpatrouillen sind zwar tagelang unterwegs, streifen aber immer nur erratisch durch das Einsatzgebiet. Der Kontakt zur Bevölkerung kann so nicht gepflegt werden. Die Bundeswehr baut, anders als amerikanische Einheiten im Süden, keine mobilen Stützpunkte in ihrem Einsatzgebiet auf. Einen dauerhaften Eindruck kann sie also nicht hinterlassen; jeder Truppführer fängt immer wieder von vorn an, wenn er mit seiner Einheit in ein Dorf fährt. So hinterlässt die Bundeswehr den Eindruck, dass sie eine reaktive Streitkraft ist, dass sie sich treiben lässt, dass sie die Initiative meidet. Jeder Fechter weiß, dass er nur mit Reaktion einen Kampf auf der Planche nicht gewinnen kann. Er muss in die Offensive gehen. Die politische Führung der Streitkräfte lebt in der Wahrnehmung, dass die Bundeswehr gar nicht in einen Kampf verwickelt ist. Sie soll ja nur den Wiederaufbau absichern.

Diese defensive Strategie gefährdet und verunsichert die Soldaten, sie trägt nicht zum Schutz bei. Das Gebot zur Vorsicht ist so tief in den Köpfen der Soldaten verankert, dass sie eher dem Risiko aus dem Weg gehen, als ihre Überlegenheit zu demonstrieren, die sie qua Ausrüstung, Informationsvorsprung und taktischer Schulung hätten. Bestes Beispiel sind die Raketenangriffe, denen die Lager Kunduz und Fayzabad regelmäßig ausgesetzt sind. Noch keines der Geschosse hat das Lager wirklich ernsthaft getroffen, Opfer waren nicht zu beklagen. Und dennoch liegt in dem Beschuss die Botschaft, dass der Gegner nach Gutdünken handeln kann. Verfügte er über präzisere Geschosse, dann würde er nicht zögern, sie auch einzusetzen. Die Bundeswehr kennt die Abschussgegenden, sie kennt die Raketendörfer und ihre Bewohner. Und dennoch ist es nicht möglich, eine wirksame Strategie gegen den Beschuss zu entwickeln.

Gegenbeschuss mit Artilleriegranaten schließt die Bundeswehr aus, weil diese Waffen nach der deutschen Mandatsauslegung nicht vorgesehen sind – und damit im Lager nicht vorhanden. Artilleriegeschosse könnten unbeteiligte Zivilisten treffen. Es sind aber auch diese Zivilisten, die den Taliban-Kämpfern den Zugang zu ihren Dörfern und Gehöften ermöglichen, von denen aus die primitiven Raketen dann abgeschossen werden. Unter Druck darf die Bundeswehr diese Zivilisten auch nicht setzen, indem sie etwa Konsequenzen für die falsche Gastfreundschaft androht. Eine unmittelbare Gefahr ist ja meist nicht erkennbar, wenn die Patrouillen durch die Dörfer fahren. Die Bundeswehr kann einen Raketenbeschuss nur kurz vor dem Start der Flugkörper verhindern, bei Gefahr im Verzug, und selbst dann müsste bei enger Rechtsauslegung nachgewiesen werden, dass die Geschosse tatsächlich die eigene Sicherheit unmittelbar bedroht hätten.

So also geschieht im Zweifel nichts, und der Beschuss zeigt, was die lokalen Widerstandskämpfer von der Tatkraft der Bundeswehr halten. Im breiten Spektrum der Einsatzregeln zwischen unverhältnismäßiger Machtdemonstration und zaudernder Zurückhaltung hat die Bundeswehr jedenfalls die vorsichtigste Variante gewählt.

Bündnis-Solidarität

Zwischen 2004 und 2008 stand die Bundesregierung unter besonderem Druck vor allem der amerikanischen, aber auch der kanadischen, niederländischen und britischen Verbündeten, ihre Caveat-Politik aufzugeben, die vor allem den dauerhaften Einsatz der Bundeswehr im Süden des Landes verbot. Die Bundesregierung argumentierte geschlossen, aber drückte sich auch hier vor der eigentlichen Wahrheit. Nach offizieller Lesart war Deutschland als drittgrößter Truppensteller mit 3500 Soldaten im Norden gebunden und ausgelastet. Die Bundeswehr hatte die Verantwortung für den gesamten Nordteil des Landes übernommen. Eine Ausweitung des Mandats und vor allem eine Erhöhung der Truppenzahl war den Streitkräften nicht zuzumuten – 3500 Soldaten reichten gerade mal aus für die Nordprovinzen, hieß es. Eine Teilung des Kontingents, oder die zusätzliche Entsendung und sei es nur eines Bataillons Fallschirmjäger in den Süden, würde operativ wenig Sinn machen.

Die Argumente sind schlüssig, doch decken sie nur die Hälfte der Wahrheit ab. Dem eigentlichen Vorwurf der im Süden eingesetzten Alliierten weicht die Bundesregierung bis heute aus: Deutschland verweigert die gefährliche Arbeit in der Region, wo 90 Prozent der Kämpfe mit den Taliban stattfinden und wo am Ende über die Stabilität des Landes und die Sicherheit der Regierung entschieden wird. Deutschland zieht sich zurück in ein relativ sicheres Gebiet mit so vielen Soldaten, die dort eigentlich gar nicht gebraucht werden. Afghanistans Schicksal wird unterdessen in den Provinzen Helmand, Kandahar und Khost entschieden, wo zu wenig Truppen stationiert sind, um dem Ansturm der Taliban Herr zu werden. Dort fehlen die Soldaten, die einmal erobertes Gebiet dauerhaft besetzen und verteidigen könnten, damit die Sicherheit für den zivilen Aufbau garantiert ist.

Hinter dem Vorwurf steckt ein für die NATO heikles Thema: die Solidarität im Bündnis. Die NATO lebt von diesem Bündnisgedanken. Hier geht es um die Grundidee der Allianz schlechthin, den Versicherungswechsel, den sich die Mitglieder einst gegenseitig ausgestellt haben. Nur galt die Police für das eigene Territorium, das Kerngebiet der NATO, das es im Kalten Krieg gegen den Warschauer Pakt zu verteidigen galt. Für Deutschland-West war es gar ein günstiger Wechsel, denn eine militärische Auseinandersetzung mit dem Warschauer Pakt hätte sich mit großer Wahrscheinlichkeit allemal auf dem eigenen Staatsgebiet abgespielt. Profitiert von der Solidarität hätte also vor allem Deutschland.

Und nun diese Ungleichheit in Afghanistan. Plötzlich wurden die kritischen Fragen gestellt: War die Bündnislast nicht immer ungleich verteilt gewesen? Waren nicht die USA qua Größe ihrer Streitkräfte und qua nuklearer Kapazitäten allemal die Führungsnation, die den Kurs des Bündnisses bestimmte? War Solidarität nicht also ohnehin ein hohles Versprechen, der Mythos einer Allianz, deren Zusammenhalt nie wirklich getestet wurde?

Es sind diese am Ende existenziellen Fragen für die NATO, die mit der Teilung des Einsatzgebietes in Afghanistan und der unterschiedlichen Mandatsinterpretation aufgeworfen wurden. Der Generalsekretär des Bündnisses, Jaap de Hoop Scheffer, machte das Dilemma auch noch zum Leitmotiv des Einsatzes, indem er nicht nur einmal verkündete, nicht weniger als »das Schicksal der NATO« werde in Afghanistan entschieden. Dahinter flackerten Ängste der neuen NATO-Mitglieder in Osteuropa auf: Gerade hatte die Welt die russische Machtdemonstration in Georgien beobachtet. Was, wenn ihr Gebiet von einem aggressiven Russland bedroht würde? Würde dann die NATO zusammenstehen? Würde auch Deutschland zur Hilfe eilen?

Deutschland zeigt für diese existenziellen Ängste erstaunlich wenig Sensibilität. Natürlich beteiligen sich viele Mitglieder mit weit geringeren Truppenkontingenten. Aber die Bundesrepublik ist immer schon einer der Lastenträger der Allianz und der größte Profiteur in der Vergangenheit gewesen. Ihr Engagement im Kosovo entlastete die USA stark. In Afghanistan war sie ursächlich an der Übergabe des Auftrags an die NATO beteiligt. Nun aber will sich die politische Spitze in Berlin nicht auf diesen neuartigen Krieg einstellen. Die unterschiedlichen Belastungen des Einsatzes in Afghanistan sind offensichtlich, die Truppen agieren praktisch unter demselben Mandat, und dennoch ist es den Deutschen unmöglich, Hubschrauber zur Hilfe in den Süden zu schicken, weil sie möglicherweise nicht vor Einbruch der Dunkelheit zurück im Lager wären. Es ist unmöglich, den Tornado-Aufklärern ein robusteres Mandat zuzugestehen, damit sie notfalls zu Hilfe eilen und abschrecken könnten.

Das Verhalten steht im krassen Gegensatz zur politischen Papierlage – die Allianz hat immerhin den Bündnisfall ausgerufen. Der Unmut mancher Verbündeter geht so weit, dass sie von Deutschland einen »angemessenen Beitrag zur Erfüllung der Beistandspflicht« einfordern wollen, die schärfste Forderung, die in der Allianz erhoben werden kann. Dabei wird nicht unbedingt der Umfang des deutschen Beitrags im Norden Afghanistans kritisiert oder die mangelnde Bereitschaft, in den Süden zu gehen. Möglicherweise würden Kanadier, Briten oder Niederländer den deutschen Beitrag als drittgrößter Truppensteller sogar still akzeptieren, obwohl die Massivität des deutschen Engagements im Norden im krassen Widerspruch steht zum eigentlichen Bedarf beim Aufbau und der Stabilisierung des Landes. Das Problem aber ist die politische Begleitmusik in Deutschland, die unterschwellige Botschaft, dass der Beitrag im Norden ebenso anspruchsvoll und gefährlich sei wie die Befriedungsmission im Süden. Und dass die Einsatztaktik im Süden allemal falsch sei, dass also Afghanistan ein friedlicheres Land wäre, wenn sich die Truppen im Süden stärker um den zivilen Wiederaufbau kümmerten als um die Taliban.

Diese mantrahaft vorgetragene Analyse ist grotesk und zeugt von großer Unkenntnis der Situation. In den Grenzprovinzen zu Pakistan sind schlicht zu wenige Truppen stationiert, als dass flächendeckend für eine stabile und sichere Lage für den zivilen Aufbau gesorgt werden könnte. Wenn NATO-Truppen oder zivile Helfer an einem Tag in einem Dorf ein Hilfsprojekt besprechen, dann kommen in der Nacht die Taliban und warnen die Bewohner vor den Konsequenzen einer Zusammenarbeit. Die Bevölkerung, die in den vergangenen 30 Jahren vielen Herren gedient hat, weiß nur zu gut, dass die Ausdauer der Ausländer im Zweifel geringer ist als die der Taliban. In Deutschland aber tut man so, als seien die Taliban keine ernstzunehmende Größe, als habe sich der Operationsraum seit 2003 nicht massiv verändert und seien den Alliierten nicht neue Regeln aufgezwungen worden.

Hätte ein ISAF-Kommandeur frei handeln können, dann hätte er viel früher mehr Truppen in den Süden des Landes verlegt und dem relativ ruhigen Norden mit einem weitgehend funktionierenden Ordnungssystem der Warlords und Gouverneure weniger Beachtung geschenkt. So aber zementierte die NATO die geografische Spaltung Afghanistans, die in der Geschichte schon so oft für Unheil und Konflikte gesorgt hatte: Der tadschikisch und usbekisch dominierte Norden gehorchte den alten Regeln der Nordallianz, mit Ausnahme einiger paschtunischer Einsprengsel, die den Taliban Schutz boten. Der paschtunische Süden aber blieb eine Zone der Unruhe.

Die Kluft im Bündnis hatte auch ganz praktische militärische Auswirkungen. In der NATO wuchs die Erkenntnis, dass nicht alle Nationen gleich sind – in Ausrüstung, Bündnisfähigkeit und Kampfmoral. Kampfmoral, das ist ein schwieriger Begriff, der in Deutschland nach wie vor kalte Schauer über den Rücken jagt. Auch in Kanada, in den Niederlanden und in Großbritannien ist es keinem Bürger gleichgültig, wenn Soldaten zu Tode kommen. Die Bundesregierung aber ließ das Bündnis wissen, dass sie Nachrichten von Kampf und gar Tod politisch möglicherweise nicht aushalten werde. Die Stabilität der Regierung wäre bei einer Kampfbeteiligung der Soldaten gefährdet.

Daneben gibt es ganz praktische Gründe, die Einsatzfähigkeit im Süden in Frage zu stellen. Der Bundeswehr fehlt schlicht die Ausrüstung, um den schwierigen Anforderungen eines Guerillakriegs standhalten zu können. Fahrzeuge wurden zu spät gepanzert, Hubschrauber gibt es nicht mal im nordöstlichen Lager in Fayzabad. Und vor allem fehlt der Truppe ein modernes Aufklärungssystem – die sogenannte dritte Ebene aus Drohnen und Satelliten, die den Amerikanern so unschätzbare taktische Vorteile bringt.

Im ISAF-Hauptquartier schauen sie inzwischen mit Sorge auf die Nordregion, wo sich die schwachen NATO-Nationen versammelt haben: Italien, Schweden, Ungarn, Norwegen, Belgien, Deutschland. Hier liegen die Armeen, die bei der Transformation der Streitkräfte nicht Schritt halten können, hier liegen die militärischen Pflegefälle.

Befehlshaber Politik

Die Bundeswehr ist eine Parlamentsarmee. Ihr Oberbefehlshaber ist der Minister. Der Auftraggeber und der Aufpasser ist das Parlament. Der Einsatz in Afghanistan spiegelt also politische Verhältnisse wider. Deswegen kann man in ihm auch die Angst der Politik erkennen. »Die Politik« ist ein schwammiger Begriff, der gerne herhalten muss in Deutschland, wenn ein unbefriedigender Zustand beklagt wird. Im Fall der Bundeswehreinsätze im Ausland ist die Politik klar zu benennen: Da ist die Bundesregierung mit der Kanzlerin an der Spitze und dem Fachminister der Verteidigung, der die Insignien als Inhaber der Befehls- und Kommandogewalt (IBUK) sogar auf seiner Baseballmütze trägt. Da ist weiterhin der Außenminister, der die Beziehungen zu anderen Staaten zu verantworten hat, also auch zu Afghanistan und dessen Nachbarn. Da sind die Fachminister – besonders des Inneren und der Entwicklungshilfe –, deren Beitrag gefordert ist. Und da ist vor allem der Deutsche Bundestag, dem das Recht zur Entsendung von Soldaten obliegt. Der Bundestag ist der eigentliche Befehlshaber, denn er entscheidet mit Zustimmung oder Ablehnung zu einem Mandat, wie sich die Bundeswehr in einem Einsatz bewegen kann.

Die 612 Abgeordneten nehmen diese Verantwortung mit unterschiedlicher Leidenschaft wahr. Viele von ihnen waren noch nicht in Afghanistan. Überhaupt gehört Außen- und Sicherheitspolitik nicht zu den Leidenschaften der deutschen Parlamentarier. Anders als in Großbritannien oder den USA, wo altgediente Volksvertreter mit der Erfahrung eines politischen Lebens in die außen- und sicherheitspolitischen Schlüsselpositionen im Parlament rücken, fristet die Disziplin in Deutschland ein Schattendasein. Debatten über Strategie, über die politische Großwetterlage in Afghanistan, über die Rolle Pakistans und Deutschlands Einflussmöglichkeiten auf Islamabad bleiben so aus. Bei den beteiligten Nationen und gerade bei den zwielichtigen Spielern, etwa beim pakistanischen Geheimdienst, entsteht so der Eindruck, dass Deutschland die politischen Zusammenhänge nicht versteht. Die Nation schweigt lieber öffentlich und überlässt es vielleicht einem Staatssekretär oder dem Außenminister, seine Besorgnis mitzuteilen.

Der Einsatzvorbehalt des Bundestags ist eine starke Waffe, die Deutschland mit seiner historischen Erfahrung bewusst dem Parlament überantwortet hat. Gleichwohl gibt es in Deutschland – auch dies ist wenig verwunderlich – nur eine unterentwickelte Erfahrung im Umgang mit dem Militär und dessen Einsätzen. Die wenigen international legitimierten Missionen – Somalia, Kambodscha, der Balkan, Kongo und Afghanistan – führten stets zu scharfen innenpolitischen Kontroversen, die nicht selten vor dem Bundesverfassungsgericht ausgetragen wurden. Deutschland hat ein gebrochenes Verhältnis zu seinem Militär oder, stärker überhöht: zu seiner Gestaltungsrolle in der Welt. Dem Land wird unwohl bei dem Gedanken, seine militärische Macht einsetzen zu müssen – und sei es zum Wohl anderer Menschen. Eine Nation, die für die ersten gut 50 Jahre ihres (geteilten) Daseins fast jede außenpolitische Verantwortung delegieren konnte und die Sicherheit für ihre Bürger anderen überantwortete, ist es nicht gewohnt, Entscheidungen über Leben und Tod zu fällen. Allein die Alternative klingt pathetisch – einem amerikanischen Präsidenten würde sie mit großer Selbstverständlichkeit über die Lippen gehen.

Der Bundestag jedenfalls ist mit dieser Aufgabe überfordert. Die Abgeordneten verlieren sich im Mikromanagement, bei der Bundeswehr spricht man verächtlich von lauter Mini-Kommandeuren. Schlimmer noch: Die Mitglieder des Parlaments sehen die Entsendepolitik durch ein simples Prisma: Was bedeutet die Entscheidung für meine Wählbarkeit? Außenpolitik als wahlentscheidendes Kriterium ist eine neue, aber besonders wirksame Größe im politischen Kalkül des Landes. Bundeskanzler Gerhard Schröder zog im Sommer 2002 in eine Wahlauseinandersetzung mit dem Unions-Kandidaten Edmund Stoiber und musste so lange um seine Wiederwahl fürchten, bis er den drohenden Irak-Krieg in den Mittelpunkt des Wettbewerbs rückte. Die Mobilisierungskraft des Themas war enorm, die Polarisierung in der Öffentlichkeit gewaltig. Schröder gewann die Kanzlerschaft – der Friedenswahlkampf war erfunden. Kein Thema fürchtet die Union seither mehr als die polarisierende Auseinandersetzung um Krieg und Frieden. Komplexe Botschaften über den inneren Aufbau Afghanistans, den Einfluss des pakistanischen Geheimdienstes oder die Langwierigkeit einer Stabilisierungsmission mit Waffengewalt verfangen nicht beim Wähler, wenn simple Alternativen von Krieg und Frieden angeboten werden.

Das am wenigsten zu kalkulierende Element im Afghanistan-Einsatz der Bundeswehr sind also nicht die Taliban, die Drogenbarone oder die Warlords, sondern die politische Führung und die Abgeordneten des Deutschen Bundestags. Bundeskanzlerin Angela Merkel zeigt öffentlich wenig Interesse an Afghanistan. Ihre erste bemerkenswerte Rede zu dem Thema hielt sie im November 2008 vor der Deutschen Atlantischen Gesellschaft. Ihr ist das Trauma vom Friedenswahlkampf ihres Vorgängers noch immer anzumerken. Außenminister Frank Walter Steinmeier beschäftigt sich intensiv mit der strategischen Bedeutung des Einsatzes für die Region wie auch für das Bündnis. Aber öffentlich scheut er offenbar die Reaktion seiner Partei. Der BND-Untersuchungsausschuss, der seine Rolle im Zusammenhang mit dem Agenteneinsatz zu Beginn des Irak-Krieges ausleuchtete, sitzt ihm in den Knochen. Und Verteidigungsminister Franz Josef Jung, der nach zögerlichem Start im Amt seine Leidenschaft für Afghanistan entdeckt hat, beweist wenig Gespür für die Tiefe des Problems – zumindest kann er es nicht vermitteln. In fester Erinnerung bleibt, wie er einem Kontingent bei der Verabschiedung eine gesunde Rückkehr wünschte. Der Wunsch war sicherlich berechtigt und kommt von Herzen – aber wenn dies die größte Sorge des Ministers ist, dann kann man es den Soldaten nicht verdenken, dass sie die Sicherheit des eigenen Lagers einer gefährlichen Patrouille vorziehen.

Die Soldaten wären einer Abzugsstimmung in der Öffentlichkeit ausgeliefert, würde der allemal schwer zu vermittelnde Einsatz Probleme bereiten – etwa nach einem Angriff auf die Truppe, einer Verwicklung in Kämpfe, einer Massenentführung oder einem Anschlag zu Hause in Deutschland.

Diese politische Erpressbarkeit ist alle vier Jahre vor dem Wahltermin besonders hoch, lässt aber auch in den Jahren dazwischen nur wenig nach. Das liegt zum einen an der politischen Konstellation in einer Großen Koalition, wo Kanzlerin und Vizekanzler die außenpolitische Zuständigkeit teilen und die Rivalität zwischen den Häusern zu Sprachlosigkeit und Vertrauensverlust geführt hat. Die Bestellung eines Afghanistan-Beauftragten zeigt das Problem exemplarisch. Der Außenminister benannte den Botschafter Bernd Mützelburg für diese Position ohne Rücksprache mit dem Kanzleramt, das gegen die Person an sich wenig einzuwenden gehabt hätte. Mit der Entscheidung überschritt der Außenminister zwar nicht seine Kompetenzen, machte aber deutlich, dass es sich seiner Interpretation nach um den Beauftragten des Außenamtes, nicht unbedingt der Bundesregierung handelte. Es war bezeichnenderweise das in Afghanistan stark engagierte Entwicklungshilfeministerium, das gegen eine Vertretung durch Mützelburg am stärksten protestierte. Nun hat der Sondergesandte das zusätzliche Problem, dass er auf seinen Konsultationsreisen auf die Epauletten eines Emissärs der gesamten Regierung verzichten muss und als Ressortbeauftragter reist. Das erleichtert die Akzeptanz nicht.

Der zweite Grund für die permanente Erpressbarkeit der Politik liegt in der jährlich anstehenden Mandatsverlängerung. Als Entsende-Instanz behält sich der Bundestag das Recht vor, den Mandatszeitraum immer wieder zu verlängern. In regelmäßigen Intervallen stellen die Abgeordneten aber nicht an den feinen Stellschrauben des Einsatzes, sondern sie werfen immer gleich die Grundsatzfrage auf: Was sollen wir in Afghanistan? Wollen wir dort bleiben? Wie kommen wir aus dem Konflikt heraus? Diese schlaglichtartige Befassung mit dem Einsatz wird dem Land nicht gerecht, sie kennt nur das grobe Raster, die Wahl zwischen allem oder nichts. Mit der jährlichen Abstimmung wird eine politische Unsicherheit erzeugt, ein kurzfristiges Mandatsvakuum, das bestimmt wird von der tagespolitischen Stimmung in Deutschland. Wenn die Finanzkrise die Arbeitslosenzahlen in die Höhe treibt und die Rettungspakete ungezählte Milliardensummen beanspruchen, dann ist es schwer zu vermitteln, warum für ein fernes Land in Zentralasien Geld übrig sein soll.

Die politische Unsicherheit schlägt auch auf die Truppe durch, die im Zeitraum vor einer Mandatsentscheidung Unruhe und jeden Anschein von Unsicherheit vermeiden möchte, um nicht Anlass für politischen Streit zu bieten. Die eigentliche Botschaft aber wird in diesen Wochen an den militärischen Gegner gesandt: Ziel der Taliban ist die Destabilisierung der internationalen Truppen in Afghanistan, am besten ihr Abzug. Zu keinem Zeitpunkt ist das deutsche Kontingent so leicht zu verletzen wie in der Phase kurz vor der Mandatsdebatte im Bundestag, jedes Jahr aufs Neue. Die Entscheidung wird im tagespolitischen Licht, mit schnell schwankenden Stimmungen, ohne große Kenntnis des Landes und unter dem Druck des Wählers gefällt. Ein Angriff mit mehreren toten Soldaten wenige Tage vor einer Mandatsverlängerung könnte die Stimmung im Parlament zum Kippen bringen. Ein Anschlag könnte den Ausgang von Wahlen beeinflussen. Hier liegt die gefährliche Ironie im Dasein einer Parlamentsarmee: Der gefährlichste Zeitpunkt für die Soldaten ist die Phase der Mandatsverlängerung; die Abgeordneten, die auch aus eigenem Interesse so sehr um die Sicherheit der Soldaten besorgt sind, tragen ganz besonders zu deren Gefährdung bei.

Die defensive Auslegung des Mandats und die Angst vor der politischen Verwundbarkeit im Parlament schwächen die Truppe, sie zeugen von Argumentationsnöten gegenüber den Soldaten und erhöhen die Angriffschancen des Gegners. Insgesamt spiegelt das Parlament das Unbehagen an dem Einsatz wider, dessen Bedeutung und Notwendigkeit nie eingängig vermittelt wurden.

Die Verrechtlichung des Einsatzes

Artikel 2 der UN-Charta spricht ein deutliches Gewaltverbot für die Mitglieder der Völkergemeinschaft aus. Zusätzlich stärkte die Einsetzung des Internationalen Gerichtshofs und die ausdrückliche Einbeziehung von Soldaten unter die Jurisdiktion dieses Gerichts das Gewaltverbot der Charta, die ja – wie ebenfalls in Artikel 2 postuliert – die Gewalt zwischen souveränen Staaten stoppen wollte. Was aber, wenn die Gewalt innerhalb eines Staates überhandnimmt? Was, wenn staatenlose Akteure wie Terroristen Gewalt anwenden? Der Souveränitätsbegriff der UN-Charta war das Überbleibsel der Staatenwelt nach dem Zweiten Weltkrieg, mit der die globalisierte Welt und die heutigen Probleme nur noch wenig gemein haben.

Deswegen weiteten die UN nach ihrer Erfahrung im Kosovo den Schutzbereich aus und definierten »the responsibility to protect«, eine allgemeine Pflicht zum Schutz auch der eigenen Bevölkerung. Diese völkerrechtliche Weiterung gilt auch für den Einsatz in Afghanistan. Allerdings müssen die Einsatzregeln (Rules of Engagement) auch mit nationalem Recht harmonieren. Für einen hochentwickelten Rechtsstaat wie Deutschland ein schwieriges und neues Thema.

Wer spiegelgleich nationales Recht in einen rechtsfreien Raum wie Afghanistan, noch dazu in ein Kampfgebiet, überträgt, der stößt zwangsläufig auf Probleme. Das fängt mit scheinbar definitorischen Hürden an: Der Begriff Kampfgebiet wird aus politischen Gründen gemieden, also spricht man von Verantwortungsbereich. Deutschland darf sich auch nicht in einem Krieg befinden, weil die Ausrufung des Kriegszustandes völkerrechtlich einen souveränen Gegner erforderte. Vor allem aber würde es versicherungsrechtliche Probleme aufwerfen, befände sich die Bundeswehr im Krieg. Lebensversicherungen, auch die der Soldaten, kennen Ausschlussklauseln – wenn etwa der Tod durch Krieg verursacht wird. Krieg darf also nicht herrschen.

Als Verteidigungsminister Franz Josef Jung während eines Afghanistan-Besuchs im Herbst 2008 gefragt wurde, ob man sich im Krieg befinde, da verneinte er emphatisch: »Wir befinden uns nicht im Krieg.« Neben ihm stand der ISAF-Oberbefehlshaber, General David McKiernan, dem semantische Spielereien fremd sind und der auch keine unbequemen Wahrheiten scheut: »Natürlich sind wir im Krieg«, sagte er dem Minister vor Zeugen ins Gesicht. Wie anders sollte der oberste Militär der NATO im Einsatzland den Zustand im Süden nennen, wo Mitglieder der Allianz nahezu täglich unter Beschuss geraten oder von Aufständischen bedrängt werden?

Die deutschen Soldaten befinden sich offenbar in einer seltsamen Zwischenstimmung. Von Krieg wird in der Truppe wenig geredet, aber die Soldaten wissen, dass dies der gefährlichste Einsatz der Streitkräfte in ihrer Geschichte ist. Ein Stabilisierungseinsatz ist es jedenfalls nicht, obwohl der Verteidigungsminister nicht müde wird, dies zu behaupten. Immerhin: Jung sprach im Herbst 2008 erstmals von Gefallenen, als er zwei getöteten Soldaten aus dem Saarland die letzte Ehre erwies. In der Truppe war Unmut aufgekommen, weil die politische Führung die Besonderheit des Einsatzes im Krisengebiet nicht ausreichend würdigte. »Ums Leben kommen« kann man auch als Soldat in Deutschland, bei einem Autounfall etwa. Die Truppe aber verlangte nach einer Anerkennung ihrer Arbeit, nach einer Einsatzmedaille, nach einer Fahne für die Standorte in Afghanistan, nach der Terminologie, die einem militärischen Einsatz gerecht würde. Instinktiv spürten die Soldaten, dass ihre Lebenswirklichkeit immer weniger zu tun hatte mit der Darstellung des Einsatzes in der Heimat. Jung weichte zum ersten Mal die Rhetorik auf.

Deutschland hat kein rechtliches Fundament geschaffen, auf dem die Auslandseinsätze der neuen Zeit ruhen könnten. Die Idee für ein Entsendegesetz wird vom Bundestag regelmäßig verworfen, weil das Parlament seine Machtbefugnisse keinem Automatismus unterziehen will. Wie nötig einige gesetzliche Veränderungen für die neue Einsatzsituation wären, zeigt etwa der Fall eines 27-jährigen Oberfeldwebels, der im August 2008 mit dem Gesetz in Konflikt kam. Am 27. August erlebte die Bundeswehr einen schwarzen Tag, als eine Patrouille entlang des Kunduz-Flusses in eine Sprengfalle geriet. Ein unerkannter Kämpfer löste den Zündmechanismus einer selbstgebauten Straßenbombe aus, gerade in dem Moment, als ein gepanzertes Fahrzeug über die Stelle fuhr. Der Beifahrer, ein Hauptfeldwebel, wurde getötet. Keine 24 Stunden später, wieder in Kunduz: Die Stimmung war sichtlich angespannt, die Bundeswehr bemannte eine Straßensperre mit einem Mannschaftsdienstgrad und ebenjenem 27-jährigen Oberfeldwebel. Ein Auto näherte sich dem Posten, ignorierte alle Haltesignale, rollte einfach weiter. Da eröffnete der 27-Jährige das Feuer, so wie es die Vorschrift will. Die Fahrerin des Fahrzeugs und ihre zwei Kinder wurden getötet.

Die Empörung in der afghanischen Bevölkerung war groß, in Deutschland nicht minder. Zum ersten Mal hatte ein Deutscher in Afghanistan unschuldige Zivilisten getötet. In der Truppe aber kochte der blanke Zorn hoch, als bekannt wurde, dass die Staatsanwaltschaft ein Verfahren gegen den Schützen eingeleitet und die Bundeswehrführung dem Mann nahegelegt hatte, er möge sich einen Anwalt nehmen – und aus eigener Tasche bezahlen. Da kannte der Protest der Soldaten keine Grenzen. Erst als der Wehrbeauftragte intervenierte, schickte der Verteidigungsminister zwei Monate später einen Runderlass, wonach die Kosten solcher Verfahren vom Bund getragen würden. Später schrieb der Wehrbeauftragte in seinem Jahresbericht: »Die Soldaten konnten nicht nachvollziehen, dass für die Einleitung von Ermittlungsverfahren im Auslandseinsatz grundsätzlich dieselben Maßstäbe wie im Inland angelegt werden.« Man hätte den Soldaten klarmachen müssen, dass die Tötung eines Menschen staatsanwaltschaftliche Ermittlungen auslöse, »ohne dass es zwingend zur Einleitung eines Strafverfahrens führen muss«.

Dieser Automatismus war in der Tat nicht kommuniziert worden und führte gleich zu einer weiteren Verwerfung: Wer sollte die Ermittlungen führen? Zuständig waren die Staatsanwaltschaften des Heimatstandortes des betroffenen Soldaten – Ankläger, die Mord und Totschlag in Deutschland verfolgen, sich aber weder in Afghanistan auskennen noch Ermittlungserfahrung im Ausland haben oder mit der Komplexität eines Kampfeinsatzes vertraut sind. Wie also sollten sie Spuren sichern? Wie afghanische Zeugen befragen? Wie sollte der Tathergang rekonstruiert werden? Die Bundesregierung lehnte die Einsetzung eigener Militärgerichtsbarkeiten ab – wegen des historischen Ballasts, obwohl während des Kalten Krieges Schubladenbefehle für den Notfall bereitlagen. Sie setzte sich schließlich für die Einrichtung von zwei Schwerpunktstaatsanwaltschaften ein, was wiederum auf den Protest der Länder stieß, die sich in ihrer Zuständigkeit angegriffen fühlten. Die schwerfällige deutsche Politik konnte eine schnelle Entscheidung nicht fällen; das Ermittlungsverfahren gegen den Oberfeldwebel zog sich über mehr als sieben Monate hin, ehe es eingestellt wurde.

Für die Soldaten wirkte diese Auseinandersetzung weltfremd. Der politische Streit nach dem Zwischenfall vom 28. August 2008 lähmte die Truppe und politisierte einen allemal komplizierten Einsatz. Seitdem verhalten sich die Soldaten im Zweifel defensiv und scheuen das Risiko. Kommandeure stellen fest, dass die in der Bundeswehr so viel gerühmte Auftragstaktik ausgehöhlt ist. Die bewusst geförderte Eigenverantwortlichkeit des Soldaten, das richtige Selbstbewusstsein in kritischen Momenten – es verschwindet und macht klassischen Reflexen der Befehlstaktik Platz, die gerade von den Deutschen so heftig kritisiert werden, etwa mit Blick auf die Entscheidungskultur in den US-Streitkräften.

Zunehmend wird nun auch in der Bundeswehr im Zweifel erst auf Befehl entschieden, die Risikobereitschaft schwindet. »Melden macht frei«, heißt das im Soldaten-Jargon – ein Führungsverhalten, das allen Grundprinzipien der modernen Bundeswehr widerspricht und eine neue Generation verantwortungsscheuer und ängstlicher Offiziere hervorbringt. Entschieden wird am Ende mit politischen Kriterien, die Grundregel vom »Primat der Politik« bekommt eine erschreckend neue und enge Bedeutung.

Die Tornado-Farce

Zu welch absurdem Selbstbetrug die rechtliche Bindung und das Gebot der defensiven Ausrichtung führen, zeigt der Einsatz von Aufklärungs-Tornados, die von der Bundesregierung im Februar 2007 in den Einsatz eingebracht wurden. Diese sogenannten RECCE-Tornados sind mit Luftbildkameras ausgestattet, die genaue Aufnahmen von Stellungen und Truppen am Boden ermöglichen. Die Bilder werden im normalen Flug aufgenommen und später ausgewertet. Sie ergänzen so ein Lagebild, das bereits durch Satellitenbilder oder Aufnahmen von Drohnen entstanden ist. Weil die Tornados keine Echtzeit-Bilder liefern, sondern schnellstenfalls einige Stunden nach einem Ereignis Informationen im guten alten Entwicklungsbad produzieren, hilft die Technik nur wenig. Die Bilder werden ausgewertet, digitalisiert, an das ISAF-Hauptquartier weitergeleitet und dort begutachtet. Das dauert – die Technik ist längst überholt. Die Tornados liefern nichts, was Drohnen oder andere Aufklärer nicht schneller und möglicherweise in bewegten Bildern bereits geliefert haben.

Afghanistan ist nach acht Einsatzjahren eines der am meisten fotografierten Länder der Erde. Die Standbilder der deutschen Tornado-Piloten, von der Bodentruppe spöttisch Knipser genannt, sind operativ wertlos. Die Taliban bauen keine Stellungen mehr. Die alten Lager sind bekannt. Und aus Standbildern lässt sich schwer erkennen, ob sich ein Trupp Männer nun in feindlicher Absicht einer ISAF-Stellung nähert – und vor allem, wohin sich der Trupp seit Aufnahme der Bilder bewegt hat. Die USA haben im Süden des Landes, wo Luftaufklärung zwingend ist, ein dichtes Netz von Drohnen im Betrieb. Diese sogenannte dritte Dimension verschafft den Einheiten einen unschlagbaren Informationsvorsprung. Auf Tornado-Bilder wartet deswegen keiner mehr – die Informationen aus der fotografischen Abteilung der Deutschen sind ein paar Stunden später allemal überholt.

Jenseits der operativen Bedeutungslosigkeit warf das deutsche Tornado-Angebot aber jede Menge rechtlicher Probleme auf, die am Ende gar das Bundesverfassungsgericht beschäftigten. Weil Deutschland ausdrücklich die Teilnahme an dem OEF-Einsatz untersagt war, musste sichergestellt werden, dass die Informationen der Foto-Flieger nicht für einen Anti-Terror-Einsatz der Amerikaner im Rahmen dieses Mandats verwendet würden. Aber die Grenzen der Mandate lösten sich auf, gerade im Süden Afghanistans. Der Bundestag zerstritt sich dennoch über die Frage, wie denn garantiert würde, dass die Informationen aus dem guten Mandat nicht den Operateuren des bosen Mandats in die Hände fielen. Es wurde beschlossen, dass ein deutscher Offizier im ISAF-Hauptquartier dafür zu sorgen hat, dass die Bilder an den richtigen Mann geraten – in der Praxis ein lächerlicher Vorgang. Natürlich drückt der deutsche Offizier die Bilder einem NATO-Einsatzplaner aus dem ISAF-Mandat in die Hand. Weil die Operationszentrale aber nicht getrennt funktioniert, könnte es sein, dass dieser Offizier in der nächsten Sekunde seinen OEF-Hut aufsetzt und die Bilder für das falsche Mandat verwendet. Der deutsche Offizier hatte sich freilich an seinen Auftrag gehalten und das Material an der richtigen Stelle abgegeben. Benötigt werden die Aufnahmen sowieso nicht.

Warum also willigte die Bundesregierung in diesen Einsatz ein, warum diente sie die Flugzeuge der NATO an und sorgte mit immensem Aufwand für eine Infrastruktur im Norden Afghanistans, die den teuren Geräten Schutz bietet? Die Antwort ist simpel und wurde von der Bundesregierung selbst gegeben, als sie in einem Organstreitverfahren vor dem Bundesverfassungsgericht über einen Eilantrag in Sachen Tornado ihre Argumente präsentierte: Könnten die Tornados nicht entsandt werden, so die Begründung, dann werde dadurch die Sicherheitslage der deutschen Soldaten deutlich verschlechtert. Zudem sei der Vorwurf mangelnder Solidarität im Bündnis zu erwarten – ein gefährlicher Vorwurf, zumal Deutschland auf die Bündnispartner mangels eigener Kampfverbände angewiesen sei. Aus Sicht der NATO-Partner sei die Berechenbarkeit und Bündnisfähigkeit Deutschlands, ja seine Glaubwürdigkeit und politische Zuverlässigkeit in Frage gestellt.

Übersetzung: Deutschland musste liefern, weil der Druck wegen der mangelnden Beteiligung zu groß geworden war. Die Tornados boten eine große Chance: Mit ihrer Verlegung wurden gleich einige hundert zusätzlicher Soldaten nach Afghanistan geschickt, die den aufwendigen Flugbetrieb besorgen mussten. So wurde die Kontingentsgröße in die Höhe geschraubt. Und die Tornados flogen auch in den Süden – ein willkommenes Argument, um dem Vorwurf der Drückebergerei zu begegnen. Deutschland brauchte ein

Placebo, es suchte nach einer Ersatz-Aktivität. Militärische Überlegungen spielten dabei eine nachgeordnete Rolle, mögliche Einsatzvarianten wurden mit restriktiven Einsatzregeln verboten.

Ein Grund zur Verweigerung?

Die Tornado-Episode hatte noch ein anderes Nachspiel, das der Führung der Bundeswehr Sorge bereiten musste und mit kaltem Licht den schwankenden politischen Boden ausleuchtete, auf dem der Afghanistan-Einsatz steht. 573 Abgeordnete stimmten für die Entsendung der Tornados, 157 dagegen. Die SPD-Fraktion hatte die Fraktionsdisziplin aufgehoben, weil sie im Votum ihrer Mitglieder eine Gewissensentscheidung erkannte. Ein Oberstleutnant der Luftwaffe nahm dies zum Anlass, seine Arbeit bei der logistischen Vorbereitung der Tornado-Verlegung aufzukündigen, weil er aus Gewissensgründen seinem Einsatzbefehl nicht folgen könne. Die verfassungsrechtlichen, völkerrechtlichen und strafrechtlichen Bedenken überwögen. Der Mann wurde versetzt – »zur Wahrung der gewissensschonenden Handlungsalternative«, wie es im Verwaltungsdeutsch der Bundeswehr heißt.

Der Vorgang war aufsehenerregend und gleichzeitig legitim. Der 2. Wehrdienstsenat des Bundesverwaltungsgerichts hatte Mitte 2005 festgestellt, dass kein Soldat der Bundeswehr einen Befehl ausführen müsse, der gegen sein Gewissen gerichtet sei. Die Voraussetzungen für diesen Gewissensnotstand definierten die Richter in breitestmöglicher Form – es reiche ein Entscheidungszwang zwischen

Gut und Böse. Im Fall der Tornados war die Beweislage einfach: Wenn schon die SPD-Fraktion von einer Gewissensentscheidung spricht, wenn das Bundesverfassungsgericht mit Klagen zu dem Einsatz befasst ist, wenn die völkerrechtliche Basis von Rechtswissenschaftlern diskutiert wird, dann kann auch dem Oberstleutnant eine Gewissensnot attestiert werden. Die Verweigerung war rechtens. Die Bundeswehr handelte prompt und versetzte den Mann ohne große öffentliche Aufregung auf einen anderen Dienstposten. Wenn der Fall Schule machen sollte, könnte er Grundlage für massenhafte Dienstverweigerungen bei den Soldaten sein.

Die Episode zeigt vor allem, wie die politische Unschlüssigkeit, das Unwohlsein der Bundesregierung mit dem Einsatz und der Mangel an politischer Begründung tiefe Spuren beim Einsatzverständnis und der Moral der Soldaten hinterlassen kann. Die Furcht der Politik vor der eigenen Courage, die Sorge vor der Angreifbarkeit einmal getroffener Entscheidungen schlägt zurück auf das System. Der politische und juristische Spielraum, den die Bundesregierung und die Führung der Bundeswehr gelassen hat, um flexibler auf Anfeindungen reagieren zu können, wird nun ausgenutzt. Wenn die Spitze des Staates Zweifel an dem Einsatz zulässt, warum soll sie dann nicht auch ein Soldat hegen können?

Die Polizei – kein Freund, kein Helfer

Deutschland verpflichtete sich gleich zu Beginn des Afghanistan-Projekts im Jahr 2002, als Leitnation für den Aufbau einer neuen Polizei im Land die Verantwortung zu tragen. Eine herkulische Aufgabe, die die Bundesregierung ganz klar an die Grenzen ihrer Möglichkeiten führte und überfordern musste. Warum die Bundesregierung dieses gewaltige Projekt zusagte und glaubte, die Last schultern zu können, bleibt ein Rätsel. Vermutlich fühlte sich der Pate des Petersberger Prozesses zu einer symbolischen Großtat verpflichtet, so wie die USA die militärische Sicherheit und Italien den Aufbau des Justizapparats garantieren wollten. Schnell jedenfalls wurde deutlich, dass sich Deutschland an der Aufgabe verheben würde.

Afghanistan ist ein Land mit einer Fläche von 647000 Quadratkilometern, unterteilt in 34 Provinzen mit 366 Distrikten. Nach den Berechnungen der afghanischen Regierung und der internationalen Helfer sollte für diese Größe ein Polizeiapparat von etwa 60000 Mann aufgebaut werden. Aber allein diese Rechenmethode macht wenig Sinn. Als die ausländischen Truppen ins Land kamen, fanden sie nur die Hülle eines Staates vor, schon vom Skelett fehlten wichtige Bauteile. Überhaupt führte der Aufbau der Polizei an das zentrale Problem des Landes: Welche Struktur sollte es bitteschön sein? Kann eine zentral geführte Polizeitruppe in einem Staat mit zersplitterter Machtstruktur funktionieren? Und wie soll die Truppe organisiert sein, bedenkt man die Bedeutung lokaler Milizen gerade im Norden, die von den Kommandeuren der Nordallianz, manchmal direkt von den Gouverneuren unterhalten werden? Wie soll sich eine Polizei gegen die tribalistische Ordnungsstruktur der Paschtunen im Süden abgrenzen? Und – das größte Problem überhaupt – wie soll sie für Recht und Ordnung sorgen, wenn schon das Konzept von Recht und Ordnung nicht vorhanden ist in einem kriegsgebeutelten und von Rechtlosigkeit gezeichneten Land, und wenn – ganz banal – ein Polizist die Gesetze nicht mal lesen kann, die er später durchsetzen soll? Der Polizeiaufbau müsste also im Mittelpunkt des Staatsaufbaus stehen.

Die afghanische Polizei war, anders als das Militär, nicht völlig aufgelöst, als die ausländische Allianz ins Land kam. Aber sie funktionierte nach sehr eigenen Gesetzen. Polizei – das war und ist nach wie vor der Inbegriff der Korruption und der Willkür. Warlords und starke Männer unterhielten ihre eigenen Polizeitruppen, die Beamten finanzierten sich durch Zolleinnahmen und natürlich Schmiergelder. Und nicht zuletzt bildeten sie das Rückgrat des Opiumhandels – indem sie den Anbau schützten, die Produktionslabore unterhielten und den Schmuggel deckten oder selbst betrieben. Von den ursprünglich zugedachten 70 Dollar Lohn im Monat konnte ein Polizist nicht leben und vor allem nicht seine Autorität durchsetzen. Wichtige Polizeichef-Posten wurden von den regionalen Herrschern, vor allem im Norden des Landes, geradezu versteigert. Die Posten gingen für bis zu 100 000 Dollar an den meistbietenden Milizionär, der sich gleichwohl mit dem Gouverneur weiter arrangieren musste. Die Polizei diente nicht dem Schutz der öffentlichen Ordnung, sie beutete die Öffentlichkeit systematisch aus.

Deutschland tat so, als gäbe es diese Probleme nicht, und ging mit der gewohnten Gründlichkeit und Systematik an die Aufgabe heran. Unter Federführung des Innenministeriums richtete sich in Kabul ein Ausbildungsteam ein und steuerte den Wiederaufbau der Polizeiakademie und des Hauptquartiers der Verkehrspolizei. Deutsche Ausbilder kümmerten sich besonders um die Grenzpolizei. In Kunduz, Fayzabad und Mazar-e Sharif entstanden Außenstellen der Akademie und Trainingszentren.

Aber die Bundesregierung merkte, dass sie mit ihren Kapazitäten an eine Grenze stieß. Die Bereitschaft zum Auslandseinsatz war bei den Polizeiausbildern gering, zumal in Afghanistan eine niedrigere Auslandszulage gezahlt wurde als etwa im Kosovo, von wo auch billiger und einfacher ein Rückflug zur Familie nach Deutschland zu organisieren war. Selbst Georgien wurde besser bezahlt – und ist lange nicht so gefährlich. Außerdem bringt ein Polizeieinsatz immer auch den mühsamen Koordinierungsaufwand zu Hause in Deutschland mit sich. Polizeiarbeit ist Ländersache, Bayern etwa schickte prinzipiell keinen Beamten in den Afghanistan-Einsatz. 2007 unternahm die Bundesregierung den Versuch, die Polizeimission zu europäisieren. Die EU beschloss einen eigenen Polizeieinsatz mit bis zu 400 Mann, die die Ausbildung übernehmen sollten. Aber mehr noch als der nationale Versuch geriet die europäische Einsatzübung zum Fiasko. Die Finanzierung der Entsendung kam nicht zustande, die Planstellen sind bis heute nicht aufgefüllt, die rund 20 Entsendestaaten müssen sich auf gemeinsame Ausbildungsrichtlinien einigen, was eine hohe Koordination untereinander erzwingt und von der eigentlichen Arbeit abhält.

In dieser mühsamen Konstellation hat die Bundesrepublik seit 2002 mit etwa 40 ständigen Ausbildern und mehr als 100 flexiblen Trainern etwa 7000 afghanische Polizisten an der Kabuler Akademie ausgebildet und noch mal 17 000 von deutschen Trainern geschult. Das ist eine ordentliche Leistung, gemessen an der geringen Zahl der Ausbilder – aber ein kleiner Beitrag nur, misst man den eigentlichen Bedarf des Landes. Bei dem Tempo würde eine afghanische Polizeitruppe lange nicht entstehen können. Die Polizei ist das bevorzugte Ziel der Taliban-Attentäter; Rekruten und Beamte zahlen von allen Gesellschaftsgruppen in Afghanistan den höchsten Blutzoll.

Besonders schmerzlich wird der Mangel bei der direkten Arbeit mit der afghanischen Polizeispitze gespürt. Die Aufbaunationen bemühen sich, in allen staatlichen Institutionen dem neuen afghanischen Führungspersonal sogenannte Monitore zur Seite zu stellen, die beraten und beobachten sollen. Allerdings kann man einem afghanischen Polizeigeneral keinen deutschen Polizeimeister zuteilen – das wäre auch für den Afghanen ein Affront.

Die internationale Kritik an dem schleppenden Polizeiaufbau ist deshalb nicht zu überhören. Vor allem die USA beklagen den Zustand des schwachen Polizeiapparates und erregen sich über den deutschen Ausbildungsstil, der sich an der Polizeiarbeit in Deutschland orientiert und das Leitbild eines Beamten vor Augen hat, der als Vertrauensperson der Bürger einer Gemeinde durch seine schiere Präsenz für Ordnung sorgen kann. Im Ausbildungslager in Mazar-e Sharif lernen afghanische Kadetten die Feinheiten der Tatortsicherung – gekleidet in weiße Schutzanzüge und mit dem gerade gestifteten Spurensicherungsköfferchen in der Hand. Nebbich, sagen da die Amerikaner, Afghanistan braucht keine Kriminalpolizei, keine Verkehrshüter und keinen Streifenpolizisten – jetzt zumindest nicht. Afghanistan braucht eine kampfbereite Polizeitruppe, die fast schon militärische Aufgaben übernehmen kann, um dem Sicherheitsproblem im Land Herr zu werden. Vor allem aber braucht Afghanistan einen Ausbildungsapparat, der das Land in seiner ganzen Größe erfasst. Deutschland, so viel war klar, wollte und konnte die Aufgabe nicht erfüllen. Der wohl beste, unabhängige Afghanistan-Kenner und Journalist, Ahmed Rashid, schreibt von einer »erbärmlichen, geradezu nutzlosen Leistung«.

Die USA, die bereits 2005 die Polizeiausbildung an sich zogen und mit 1,1 Milliarden Dollar finanzierten, wollen weitere 1500 Ausbilder ins Land schicken, um das Tempo beim Polizeiaufbau zu beschleunigen. Dabei wird es sich vor allem um Militärpolizisten handeln, die ein anderes Ausbildungskonzept vermitteln. Die USA wollen so in zwei Jahren die Polizisten aus 52 Distrikten schulen – Deutschland schafft mit seinen Kapazitäten gerade mal acht Distrikte, regt sich im Stillen aber über die Pseudo-Polizei auf, die von den USA auf die Straße geschickt wird. Tatsächlich betraute Washington bisher einen privaten Polizeiausbilder mit der gewaltigen Aufgabe, pumpte große Summen in die Trainingskurse, ließ Polizisten für wenige Wochen einen paramilitärischen Grundkurs durchlaufen und schickte sie anschließend wieder in die Provinzen zurück, wo sie in ihr altes Muster zurückfielen. Nutzen für den Staatsaufbau: null. Vertrauensbildende Maßnahme für die Zentralregierung: keine.

Aber: Laut meckern darf Deutschland nicht – die eigene Leistung ist zu schwach. Und wer es besser machen will, muss es eben tun. In Deutschland aber gibt es keine Struktur und keinen Polizeiapparat, mit dem man eine Aufbaumission dieser Größe stemmen könnte. 35,7 Millionen Euro im Jahr für die Ausbildung – das versickert in einem Land wie Afghanistan.

Drogen – zu den Quellen des Krieges

Wer Afghanistan wiederaufbauen möchte, der kommt nicht umhin, sich mit einem der wichtigsten Gründe für die Zerstörung des Staates zu beschäftigen: dem Heroin. 30 Jahre Krieg und Bürgerkrieg sind nicht denkbar ohne das Drogengeschäft. Machtkämpfe zwischen Warlords und Milizen, der Aufstieg der Taliban, die Widerstandsbewegung gegen die sowjetischen Besatzer – alles bezahlt und angetrieben vom Heroin. Afghanistans Selbstzerstörung war nicht möglich ohne den braunen Saft aus den Mohnblüten, der zu einem klebrigen Kuchen geformt und später in den Heroinküchen in weißes Pulver verwandelt wird. 93 Prozent des Heroinbedarfs der gesamten Welt werden durch die Produktion in Afghanistan gedeckt. Das Land ist ein Monopolist, der Hoflieferant der Süchtigen weltweit. Die Drogen sorgen nicht nur für Abhängigkeit und Tod, sondern sie schüren Gewalt und Kriminalität, fördern Geldschieberei, Korruption, Waffenhandel und letztlich Krieg. Das afghanische Heroin ist der Treibsatz für alle möglichen Konflikte. Kein Problem des Landes, das sich nicht in irgendeiner Form mit den Drogen in Zusammenhang bringen ließe.

Zehn Prozent der afghanischen Bevölkerung stehen unmittelbar mit dem Drogengeschäft in Verbindung, viel mehr leben davon. Bis zu 3,5 Milliarden Dollar werden pro Jahr mit dem Pulver umgesetzt, ein Drittel des offiziellen Bruttoinlandsproduktes. Bis zu 500 Millionen sollen direkt in das Kriegsgeschäft fließen. 2007 wurden 8500 Tonnen Opium geerntet, 2008 ging die Menge um 19 Prozent herunter – immerhin. 18 der 34 Provinzen wurden für anbaufrei erklärt. Aber in anderen Zentren der Drogenkultur, vor allem in der Provinz Helmand, wuchs die Anbaufläche weiter – das Geschäft lockt.

Entgegen einer gerne verbreiteten Darstellung haben auch die Taliban während ihrer Gewaltherrschaft immer das Drogengeschäft gefördert und benutzt. Die Logik der Gotteskrieger war simpel: Das Heroin zerstört das Leben der Ungläubigen, mögen sie es also kaufen. Der Cannabis-Anbau wurde hingegen streng verfolgt, der Konsum von Hasch, unter Afghanen durchaus üblich, wurde als unislamisch verboten. Lediglich kurz vor ihrer Vertreibung stoppten die Taliban, im Sommer 2001, in einem radikalen Politikschwenk den Mohnanbau – nicht aber, weil sie Einsicht zeigten und die Drogenkultur als verwerflich erachteten. Sondern weil der Heroinpreis auf dem Weltmarkt wegen Überkapazitäten stark gefallen war. Kaum waren die Taliban vertrieben und die Pflanzsaison hatte begonnen, da saten die Bauern die Felder wieder ein.

Großbritannien, das die Führung bei der Drogenbekämpfung übernommen hat, weiß inzwischen, dass es keinen Idealweg gibt, um das Übel einzudämmen. Und es gibt deshalb auch keine geschlossene Politik – weder der afghanischen Regierung noch der alliierten Nationen. Lediglich das Ergebnis der Unentschlossenheit kann gemeinsam betrachtet werden: Besonders in den umkämpften Provinzen im Süden blüht der Mohn, weil er den armen Bauern ein ordentliches Einkommen verspricht und den Taliban ein noch besseres Geschäft. Die Gotteskrieger verdienen bei der Ernte, sie verlangen Transportzoll und sind am Verkaufserlös beteiligt. Hunderte Millionen Dollar sollen die Drogen in ihre Kriegskasse gebracht haben. Davon werden Waffen gekauft, Kämpfer bezahlt, Bauern finanziert, und es wird bestochen – der etwas andere Kreislauf aus Sucht und Abhängigkeit.

Keine Bekämpfungsmethode, die von den Hilfsmächten nicht durchdacht oder gar ausprobiert worden wäre. Mohnpflanzen wurden aus der Luft besprüht, Felder umgepflügt oder abgebrannt, Bauern mit alternativem Saatgut versorgt. Ein Aufkaufprogramm scheiterte, weil das Geld in dunklen Kanälen versickerte. Manche Gouverneure konnten von einer harten Politik überzeugt werden, manche schufen sich eine weiße Weste. Mohammed Atta, Gouverneur von Kunduz und im April 2009 gesprächiger Gastgeber von Bundeskanzlerin Merkel, rühmt sich, dass seine Provinz anbaufrei sei. Was er nicht sagt, wird indes von den Geheimdiensten bestätigt: In der Provinz sollen immer wieder die mobilen Labore auftauchen, in denen aus dem Saft der Mohnblüten das reine Heroin gewonnen wird. Die Labore, eher eine Druiden-Kochstelle wie im Asterix-Comic, lassen sich über Wärmebildsatelliten erkennen. Die NATO weiß genau, wo welche Kochstelle lodert.

Als die Bundeswehr ihr erstes Lager im Norden aufschlug, da befand sich – süffisanten Berichten zufolge – gleich in der Nachbarschaft ein blühendes Mohnfeld. Die Soldaten wollen es nicht erkannt haben. Die deutsche Politik verbat sich die Einmischung in das Drogenthema und verhinderte in der NATO, dass die Allianz zu einer offensiveren Linie gegen das Heroingeschäft finden konnte. Erst im Jahr 2008 gab Berlin seinen Drogen-Widerstand in der NATO auf. Fortan durfte jede Nation nach eigenen Regeln gegen die Drogenbauern und ihre Helfer vorgehen. An der restriktiven Politik für die deutsche Truppe hat sich freilich nichts geändert. Drogenpolitik ist nicht Teil des Auftrags, heißt es lapidar. Mit einem Vernichtungsprogramm würde man sich den Zorn der Bauern zuziehen, die dann vielleicht aus Rache Taliban-Kämpfer bei sich beherbergen könnten. Das Argument ist nicht falsch: Die Vernichtung trifft das schwächste Glied der Drogenkette und funktioniert so lange nicht, wie nicht alle Anbauflächen zerstört werden. Schlimmer noch: Eine partielle Rodung nutzt – zumindest kurzfristig – den Händlern, weil dann der Preis der verknappten Waren steigt. Auch die Verfolgung von Drogenhändlern und Kurieren oder die Zerstörung von Drogenlaboren hat die Bundeswehr nicht in ihr Programm aufgenommen. Es ist, als ob eine Patrouille auf ein Waffenlager stieße und auf der Stelle kehrtmachte. Nicht zuständig – weil politisch nicht gewollt.

Berlin argumentiert mit gewissem Recht, dass die Drogenbekämpfung Sache der Afghanen selbst sei. Dazu bilde man afghanische Polizei aus. Tatsächlich aber kapituliert die Bundesregierung vor dem Problem. Sie weiß genau, dass der afghanische Staat durchsetzt ist von korrupten Beamten und Politikern, die niemals zu einer geschlossenen Politik finden werden. In den Fehden zwischen den Kommandeuren der Nordallianz, deren Machtgebiet die Bundeswehr besetzt, geht es nicht um Kleinigkeiten – die Herren tragen häufig Streit aus um Schmuggelzölle und Drogeneinnahmen. Das Heroin nährt das Feuer unter dem afghanischen Kessel, und Deutschland ignoriert wie die meisten anderen NATO-Staaten die Hitze, weil es sich nicht zutraut, die Flammen einzudämmen.

4. Eine ehrliche Strategie

Deutschlands Sicherheit

»Deutschlands Sicherheit wird am Hindukusch verteidigt« – Peter Struck, Bundesverteidigungsminister von 2002 bis 2005, musste viel Spott für seinen Satz ertragen, der bis heute das Eingängigste ist, was die öffentliche Debatte in Deutschland zum Thema Afghanistan hervorgebracht hat. Sicherheit und Hindukusch – das klang, als ob die Zukunft der Exportnation Deutschland von der Handelsbilanz mit den Fidschi-Inseln abhinge. Aber so sehr auch Hohngelächter über Struck ausgeschüttet wurde: Der SPD-Politiker hat recht. Deutschlands sicherheitspolitische Zukunft ist in ganz besonderem Maß mit dem Schicksal Afghanistans verknüpft – nicht ausschließlich, aber zu einer gehörigen Portion. Wer Struck Plattheit vorwirft, entlarvt sein altbackenes sicherheitspolitisches Denken. Auch wenn 5000 Kilometer zwischen beiden Ländern liegen, muss sich die deutsche Öffentlichkeit mit dem Gedanken vertraut machen, dass ihr persönliches Wohlergehen, ihre physische Sicherheit und der Erhalt ihrer Lebensgewohnheiten auch von ein paar tausend Soldaten der Bundeswehr und einigen zehntausend Soldaten der NATO in dem fernen Einsatzgebiet Afghanistan gesichert werden.

In Deutschland hat sich nach dem Ende des Kalten Krieges ein Desinteresse an sicherheitspolitischen Themen breitgemacht, das Land lebt im Gefühl einer wohlverdienten Stabilität. Leben und Schicksale in anderen Nationen werden zunehmend unwichtig, so weit sie nicht die unmittelbaren Urlaubsgebiete betreffen. Deutschland ist eine vom Glück geküsste Nation. Sie hat nach Jahrhunderten der selbstverschuldeten Not endlich ihren Frieden gefunden. An diesem Zustand möge bitte niemand rühren. Ein pazifistisches Wohlgefühl hat sich über das Land gelegt, das keinen Platz lässt für die harschen Alternativen, der eine Gesellschaft in weniger günstigen Umständen ausgeliefert ist. Konfliktbeherrschung, -moderation und Diskussionsbereitschaft sind glücklicherweise hoch entwickelt, und die Ausgleichszahlungen werden im Zweifel so großzügig bemessen, dass wirklicher Schmerz, tatsächliche Brutalität und nackte Gewalt an Bedeutung verloren haben. Deutschland ist eine hoch entwickelte Wohlstandsinsel, in der das Bewusstsein dafür verloren gegangen ist, dass der Großteil der Welt nicht nach einem so fein austarierten Regelwerk funktioniert. Wie also, bitte sehr, sollte Afghanistans Schicksal für die Sicherheit Deutschlands von Bedeutung sein?

Deutschland als führende Industrienation und als handelsabhängiger Exportweltmeister muss ein elementares Interesse an Problemen der Sicherheit in aller Welt haben. Mit der Europäischen Union hat sich das Land einen Stabilitätsraum geschaffen, der historisch betrachtet ohne Vorbild ist. Das westeuropäische Werte- und Ordnungssystem, zusammen mit seinem transatlantischen Anker und einer marktwirtschaftlichen Ordnung in einer verflochtenen Welt – das ist Deutschlands außenpolitisches Spielfeld, auf dem die Sicherheit und der Wohlstand des Landes erst gedeihen können.

Kaum ein Ereignis hat dieses Modell des Westens stärker erschüttert als die Anschläge vom 11. September 2001. Der Terror der al-Qaida und der fundamentalistische Islam, den die vergessene Unterschicht aus den paschtunischen Stammesgebieten ausbrütet, sind kein regionales Phänomen mehr. Hier hat sich ein globales Sicherheitsproblem entwickelt, das es mühelos mit den historisch bekannten Konfrontationen der Weltgeschichte aufnehmen kann. Die kurze Phase des ewigen Friedens, das »Ende der Geschichte« nach dem Kalten Krieg, währte zwei Jahrzehnte. Nun steht die Welt mitten in ihrem nächsten großen Konflikt.

In dieser Auseinandersetzung ist die Bedrohung für die Deutschen abstrakt und fern, viel weiter weg als die Konfrontation aus dem Kalten Krieg. Die Wahrnehmung wurde nicht besser dadurch, dass es die USA waren, die den unmittelbaren Terror ertragen mussten. Selbst als Spanien und Großbritannien von großen Anschlägen heimgesucht wurden, selbst als in Italien und Japan Regierungen über ihre Anti-Terror-Politik stürzten, herrschte in Deutschland das Gefühl vor, dass es einen selbst schon nicht treffen werde. Wohlverhalten, so eine verbreitete Stimmung, schützt vor Terror. Zur strategischen Entkopplung trug dann mehr als alles andere die Regierung George W. Bush in den USA bei, die mit ihrer konfrontativen, unilateralen und ideologisch getriebenen Politik die innere Distanz geradezu erzwang. Terror, Taliban, Dschihad, Islamismus – das waren Amerikas Probleme.

Waren es aber nicht allein, denn auch Deutschland konnte kein Interesse daran haben, dass die bevölkerungsreichste Region der Erde mit den wichtigsten Rohstoffquellen, dass zentrale Handelswege und traditionelle Partner in eine gewaltige Zone der Instabilität und des Krieges abglitten. Der fundamentalistische Islam hatte einen klaren Machtanspruch geäußert – naiv, wer das nicht ernst nähme. Und selbst wenn die Regierung Bush in zorniger Verblendung und ohne Not zwei Jahre nach den Anschlägen eine neue Front im Irak eröffnete – das Epizentrum der neuen Instabilität lag in Afghanistan und im benachbarten Pakistan. Die Supermacht USA brauchte sieben Jahre und einen Regierungswechsel, um zu dieser Erkenntnis zu gelangen.

Peter Strucks Satz mag aus der Sorge vor Deutschlands außenpolitischer Behäbigkeit geäußert worden sein – so ähnlich wie damals Joschka Fischers Diktum, wonach im Kosovo ein zweites Auschwitz verhindert werden müsse. Aber offenbar bedarf es dieser rhetorischen Knüppel, um den Deutschen klarzumachen, dass ihre Verantwortung nicht an den Grenzen der Europäischen Union endet, weil auch ihre Interessen dort nicht enden. Das zentrale sicherheitspolitische Problem des frühen 21. Jahrhunderts stammt nun mal aus der islamischen Welt und dort aus dem pakistanisch-afghanischen Grenzgebiet. Mehr noch: Deutschland, das in den vergangenen 60 Jahren zu den Gewinnern der Weltgeschichte gehörte, hat auch fast schon eine moralische Pflicht, die Verlierer dieser Epoche nicht zu vergessen.

Nun ist Moral eine ehrenwerte Stütze in der Außenpolitik, aber vorher sollten Interessen und Chancen abgewogen werden. Auch da war es nicht schwer, für Deutschland eine Verpflichtung gegenüber Afghanistan zu erkennen. Zu kaum einem anderen Land in Zentralasien, vergleichbar nur noch mit Iran, bestehen so enge Bindungen wie zu Afghanistan. Auch wenn die bilaterale Geschichte in Deutschland inzwischen vergessen ist – die Afghanen wissen sehr wohl, dass Deutschland einer ihrer besseren Verbündeten über fast ein Jahrhundert lang war.

Deutschlands afghanische Wurzeln

Die Beziehungen reichen zum Ersten Weltkrieg zurück, als eine abenteuerliche Expedition des deutschen Offiziers Oskar von Niedermeyer Kabul erreichte, mit dem Ziel, den Herrscher von Afghanistan vom Nutzen einer aktiven Konfrontation mit den Briten und den Russen zu überzeugen. Deutschland versprach sich so eine Entlastung an anderen Kriegsfronten. Der Versuch der geopolitischen Vereinnahmung schlug zwar fehl, aber der große und am Ende entrückte König Amanullah, 1919 auf den Thron gekommen, erinnerte sich an die Avancen aus dem fernen Land. Später sollte er nach Berlin reisen und pompös empfangen werden – einer von zwei Staatsbesuchern der international stark isolierten Weimarer Republik. Dem König schmeichelte der Umgang. Erstmals wurde dem Staat Afghanistan auf Augenhöhe eine Partnerschaft angetragen – das wertete den Herrscher auf. In den 20er und 30er Jahren vertiefte sich der Kontakt, Handelsbeziehungen wurden etabliert, Bildungseinrichtungen aufgebaut. Die deutsche Oberrealschule in Kabul wurde zur angesehenen Lehranstalt im Land, Afghanen kamen zum Studium nach Deutschland, und sogar das Nazi-Regime schmeichelte den afghanischen Herrschern mit seiner Rassenpolitik, die beiden Völkern einen arischen Ursprung attestierte. Bis zur sowjetischen Besatzung pflegte die Bundesrepublik enge Beziehungen zu Kabul, stand Afghanistan immer an vorderer Stelle bei den Entwicklungshilfe-Zuwendungen und suchten viele Afghanen den Weg nach Deutschland zur Ausbildung und zum Studium.

Deutschlands neutrale und respektgetragene Rolle in der Geschichte ließ 2001 die Bundesregierung zum idealen Gastgeber der großen Konferenz über die Zukunft Afghanistans werden. Schon in den späten 90er Jahren gab es verdeckte Bemühungen Berlins, die Taliban und die Nordallianz zu einem Waffenstillstand zu bewegen. Deutschland trat dabei nie mit einer eigenen Agenda auf. Deswegen willigten auch 2001 alle, zum Teil heftig verfeindeten Parteien und Gruppierungen ein, als Deutschland die Einladung zu den Petersberger Gesprächen aussprach.

Berlin wurde zugetraut, als ehrlicher Makler aufzutreten. Die nach Kabul und später in den Norden entsandten Soldaten der Bundeswehr wurden mit dem gleichen Respekt behandelt – Deutschland genoss einen guten Ruf und hatte, gemessen an anderen Nationen der Allianz, einen Vorsprung an Sicherheit und einen leichteren politischen Zugang vorzuweisen. Die politische Bedeutung Berlins wurde in Afghanistan ernst genommen, das Land setzte Hoffnung auf den deutschen Einfluss. Und selbst eines der wichtigsten Ereignisse des jungen Post-Taliban-Afghanistans konnte nur mit deutscher Hilfe funktionieren: Die verfassunggebende Loya Jirga, die große Ratsversammlung aller Stämme und Führer, fand unter den Planen eines deutschen Bierzeltes statt, das eigens nach Kabul geflogen worden war. In der zerstörten Stadt hatte es keinen Raum gegeben, der die große Versöhnungsversammlung hätte beherbergen können.

Die Furcht vor der Wahrheit

Deutschlands sicherheitspolitisches Interesse in Afghanistan und sein potenzieller Spielraum in der Krise stehen in krassem Gegensatz zu der Zögerlichkeit, mit der dieses zentrale Thema der Außenpolitik in Berlin behandelt wird. Afghanistan, so scheint es, ist ein politischer Bastard, zu dem sich niemand so recht bekennen will. Ein kleiner interministerieller Kreis aus Fachleuten der betroffenen Ministerien, meist den Staatssekretären, befasst sich regelmäßig mit den Holprigkeiten des deutschen Einsatzes, der Bundesnachrichtendienst liefert Analysen zur politischen Lage im Norden, und die politische Spitze lässt sich gelegentlich bei der Truppe sehen, um dort dem Eindruck entgegenzuwirken, man habe die Soldaten vergessen. Der Wehrbeauftragte indes gibt exakt diese Klage aus dem Einsatzgebiet weiter: Die Truppe fühlt sich im Stich gelassen, sie sieht sich nicht ausreichend unterstützt. Anders als bei anderen Nationen gibt es so gut wie keinen öffentlichen Rückhalt für das deutsche Kontingent. Weder verkauft die Politik offensiv das Ziel und die Erfolge der Mission – wenn es sie denn gibt. Noch nimmt die Öffentlichkeit gesteigert Anteil – ganz anders etwa als in Kanada, wo der hohe Blutzoll der Truppe zu einer nationalen Solidarisierung führt und die Öffentlichkeit über Sinn und Aussichten des Einsatzes breit diskutiert.

Diese fast schon lähmende Stille in Deutschland ist gefährlich, weil der Einsatz ausgeblendet wird aus dem politischen Pflichtenheft der Republik. Das Land und die Politik sind nicht in der Lage, die eigentliche Dimension des Unternehmens Afghanistan zu diskutieren, der Konsens über

Ziel und Zweck der Mission ist brüchig. Entsprechend verharren die Entscheidungsträger in Bewegungslosigkeit und hoffen: hoffen, dass der Norden ruhig bleibt; hoffen, dass der Druck aus der Allianz nachlässt; hoffen, dass die Kämpfe im Süden abflauen und die zusätzlichen US-Truppen das Taliban-Problem in den Griff bekommen; hoffen schließlich, dass die große Lebenslüge Afghanistan nicht auffliegt – zumindest nicht vor der nächsten Bundestagswahl.

Das Schweigekartell funktioniert, weil die wichtigsten Beteiligten ein Interesse daran haben: In der Großen Koalition haben sich beide Parteien aus Bündnissolidarität für den Einsatz starkgemacht, wohl wissend, dass ihre Wählerklientel nur zögerlich dafür zu gewinnen sein wird. Nun stünde die SPD unglaubwürdig da, würde sie kehrtmachen und einen Abzug propagieren, wie es die Linkspartei tut, auch wenn damit Sympathien in einem Wahlkampf zu gewinnen wären. Die Union lässt die Widersprüche und Probleme des Einsatzes besser unangetastet, weil auch sie die Gefolgschaft der eigenen Wähler fürchtet und mehr noch die Angreifbarkeit durch die SPD. Im Bundestag wiederholt sich die Blockade, die schon in der Bundesregierung zu beobachten ist. Lediglich wenn ein Thema die Öffentlichkeit unvorbereitet trifft, dann schlägt die Empörung hoch – wie beim tödlichen Waffeneinsatz des deutschen Stabsfeldwebels gegen die afghanische Mutter und ihre zwei Kinder, oder wenn Präsident Hamid Karzai die ihm entgegengebrachte Liebe enttäuscht, zögerlich regiert und ein Ehegesetz unterzeichnet, das vermeintlich die Frequenz des Geschlechtsverkehrs regeln soll.

Die militärische Führung der Bundeswehr verhält sich ebenfalls defensiv: Die politischen Vorgaben werden nicht in Frage gestellt, obwohl es Klagen genug gibt aus der Truppe, die operativen Hindernisse endlich auszuräumen und Einsatzrestriktionen zu beseitigen. Kommandeure aus der mittleren Ebene und Verbindungsoffiziere zum ISAF-Hauptquartier berichten von einer Zweiteilung im NATO-Gefüge – zwischen den Ländern, die sich an Kampfeinsätzen beteiligen, und jenen, die defensiv verharren. Länder mit starken Einsatzrestriktionen wie Deutschland werden aus Besprechungsrunden ausgeschlossen. Aus militärischer Sicht haben mittlerweile viele NATO-Nationen Erfahrung im Umgang mit Aufstandsbewegungen und der asymmetrischen Kriegsführung gemacht. Bundeswehr-Kommandeure fühlen sich da inzwischen als Soldaten zweiter Klasse, weil ihnen moderne Einsatzerfahrung fehlt. Das eigene Verhalten wird in der Bundeswehr als unsolidarisch und bündnisschädigend angesehen, aber der politische Beschluss steht: Deutschland verhält sich defensiv.

Defensiv ist auch die Öffentlichkeitsarbeit der Bundesregierung. Anstatt die Bevölkerung mit der Komplexität der Probleme vertraut zu machen, herrscht nur Schweigen. Beispiel Drogen: Es gibt keine eindeutige Lösung für das innerafghanische Krebsgeschwür. Aber es gäbe die Verpflichtung auch für Deutschland, sich im eigenen Aufbaugebiet im Norden eine Strategie auszudenken. Aufkauf, Vernichtung, alternative Pflanzungen – alles wurde bereits von anderen Nationen probiert. Am Ende wird nur ein Mix aus verschiedenen Maßnahmen Erfolg haben, nicht zuletzt der Aufbau einer mutigen Drogenstaatsanwaltschaft. Nur eines hilft nicht weiter: wegschauen wie bisher.

Die Risiken der deutschen Wegduck-Strategie sind beträchtlich. Gegenüber der Öffentlichkeit wird der Eindruck erweckt, dass es eine gute Form der Konfliktbewältigung am Hindukusch gibt und eine schlechte. Der gute Einsatz werde von der Bundeswehr geführt und komme auch ohne Gewaltanwendung ans Ziel. Als Beleg für den Erfolg dieser Arbeit gilt, dass es im Einsatzgebiet der Bundeswehr relativ ruhig bleibt.

Dieses verzerrte Bild blendet aus, dass eine defensive Strategie in anderen Teilen Afghanistans gar nicht funktionieren könnte. Würde sich die NATO in Kandahar defensiv verhalten, wäre sie schon längst vertrieben, der Süden unter der Kontrolle der Taliban, bald auch Kabul und vermutlich später auch der Norden. Zweitens suggeriert das Bild, dass der deutsche Aufbau erfolgreich sei. Nachprüfbar ist diese These nicht. Zwar investiert die Bundesregierung beträchtliche Mittel in den Wiederaufbau, betreibt Hunderte sinnvoller Kleinprojekte und bemüht sich um die Einbindung der afghanischen Bevölkerung, denen eine Teilhabe an den Projekten aufgetragen werden soll. Was aber bedeutet das für den Staatsaufbau, für die staatlichen Strukturen? Wie weit wird die Autorität der Zentralregierung gestützt? Oder stabilisieren die Bundesregierung und ihre Soldaten nur die Warlords in den Nordprovinzen, die sich seit 2001 weitgehend schadlos am Gemeinwesen bedienen, ihre eigenen Machtstrukturen festigen und die Regierung Karzai am ausgestreckten Arm verhungern lassen?

Und eine dritte Gefahr droht: Die Öffentlichkeit wird irritiert und möglicherweise irrational reagieren, wenn sie unvorbereitet von einer Eskalation, von mehr Gewalt, von Toten oder Anschlägen überrascht wird. Ein realistisches Afghanistan-Bild wird sich nicht über Nacht herstellen lassen. Kein Politiker wird sich gegen den massiven Abzugsdruck stemmen können, der sich etwa nach einem Gewaltakt aufbauen kann.

Eine ehrliche Strategie

Der Regierungswechsel in den USA hat schlagartig Verkrustungen der alten Administration beseitigt und einen frischen Blick auf das Afghanistan-Problem ermöglicht. Eine ähnliche strategische Überprüfung muss auch in Deutschland möglich sein – realistisch betrachtet erst für die Zeit nach der Bundestagswahl. Die Bundeswehr, die Afghanen, die deutsche Öffentlichkeit – alle haben es verdient, dass Deutschland einen ehrlichen Blick auf diesen Einsatz wagt und seine Strategie korrigiert. Eine Überprüfung der Afghanistan-Politik müsste drei Zielen dienen:

1. Das Thema Afghanistan muss in all seiner Komplexität vermittelt werden. Die Zweiteilung des Einsatzes in Nord und Süd beginnt im Kopf – und sie muss dort beendet werden.
2. Die deutsche Auslegung des Mandats muss justiert werden – schon um die Sicherheit der Soldaten nicht zu gefährden.
3. Es bedarf eines klaren politischen Ziels, das es auch ermöglicht, den Einsatz eines Tages zu beenden. Um dieses Ziel zu erreichen, muss die Bundesregierung ihr ziviles Engagement massiv ausweiten. Je schneller der Staat Afghanistan wächst, desto schneller kann die internationale Truppe abziehen.

Eine ehrliche Politik

Zu einer ehrlichen Politik gehört eine ehrliche Sprache. Was von den meisten Menschen als Krieg empfunden wird, sollte auch Krieg genannt werden. Zumindest ist es albern, von einer Stabilisierungs- und Unterstützungsmission zu reden, wenn die Taliban seit vier Jahren ihre Angriffe verschärfen und der Erfolg der gesamten Mission auf des Messers Schneide steht. Eine ehrliche Sprache und eine ehrliche Analyse beugen der Gefahr vor, dass sich die Wahrnehmung in Deutschland und die eigentlichen Zustände voneinander abkoppeln. Der Wähler hat ein Recht darauf, mitgenommen zu werden bei diesen schwierigen Entscheidungen.

Zur ehrlichen Analyse gehört, Afghanistan als geschlossenes Einsatzgebiet wahrzunehmen. Was im Süden geschieht, betrifft auch die Sicherheit im Norden. Wer eines Tages ein sicheres Land verlassen möchte, kann die klassischen Unruheherde aus seiner Betrachtung nicht ausschließen. Zur Ehrlichkeit gehört, militärischen Unfug wie den Tornado-Einsatz auch als Unfug zu benennen. Dazu gehört, eine vernünftige Bedarfsanalyse für Truppen im Norden zu erstellen. Was trägt das weitgehend in den drei Lagern festsitzende Kontingent zur Stabilität bei? Wäre es im Norden nicht ebenso stabil, wenn die Bundeswehr abzöge – eben weil die regionalen Machthaber längst ihre Claims abgesteckt haben, so wie es immer war in der afghanischen Geschichte und auch künftig sein wird?

Ein ehrliches Mandat

Das Mandat der Vereinten Nationen würde auch einen robusten Einsatz der Bundeswehr im Süden erlauben. Die Bundesregierung hat lediglich zu entscheiden, ob sie einen Einsatz in gefährlicherem Gebiet politisch durchsetzen und aushalten kann, und ob die Bundeswehr dieser militärischen Herausforderung gewachsen ist, ohne dass die Soldaten einer unzumutbaren Gefahr ausgesetzt wären, eben weil es ihnen an Ausrüstung (Drohnen, Hubschraubern) und Erfahrung mangelt. Zu welchem Ergebnis die Bundesregierung auch kommt bei dieser Abwägung: Die heuchlerische Mandatsinterpretation, wie sie zurzeit gepflegt wird, steht einer realistischen Wahrnehmung Afghanistans im Weg und gefährdet gar die Soldaten.

Vermutlich ist es der Bundeswehr gar nicht zuzumuten, in ein gefährlicheres Einsatzgebiet im pakistanischen Grenzgebiet zu gehen, weil sie dem politischen und dem militärischen Druck nicht standhalten könnte. Aber es gibt Provinzen im afghanischen Kernland oder im direkten Umfeld der Hauptstadt Kabul, die hoffentlich bis Sommer 2010 von den Aufstandsnestern befreit sein werden und dann eine Militärpräsenz erfordern, um eine Rückkehr der Taliban zu verhindern. Die Verlegung eines Teils des deutschen Kontingents in diese Provinzen würde andere Nationen entlasten und eine wirkliche Befriedung Afghanistans in den gefährlichen Provinzen im Süden ermöglichen.

Eine offensivere Auslegung des Mandats ist aber auch für den Einsatz im Norden notwendig. Die NATO wird 2009 neue Nachschubwege über die nördlichen Anrainerstaaten Afghanistans eröffnen, weil der Nachschub über Pakistan mehr und mehr gefährdet ist. Die Nordverbindungen führen durch das von Deutschland geschützte Gebiet. Hier werden die Taliban oder lokale Warlords versuchen, die Verbindung zu stören und die Straßen unpassierbar zu machen. 2007 und 2008 war das mit weiten Teilen der Ringstraße im Süden gelungen. Wer aber Afghanistans wenige Straßen kontrolliert, der kontrolliert das Land.

Ein offensives Mandat im Norden bedeutet nicht, dass schießwütige Bundeswehrsoldaten eine neue Widerstandsbewegung züchten. Die selbst auferlegten Restriktionen verunsichern aber die Truppe, sie führen dazu, dass die Soldaten in ihren Lagern bleiben. Die Selbstbeschränkung ist innenpolitischer Furcht geschuldet, nicht aber den Anforderungen im Land selbst. Sie macht die Truppe angreifbar, weil die Gegner die Einsatzzwänge kennen und ausnutzen können. Ein offensives Mandat würde zunächst eine politische Last von der Truppe nehmen und sie frei machen für einen selbstbewussteren Einsatz näher am Menschen. Erste Schritte hin zu einer offensiveren Auslegung waren im Frühjahr 2009 zu beobachten. Die Bundesregierung musste unter dem neuen militärischen Druck der Taliban reagieren: Angriffe wurden erwidert, Provokationen fanden eine Antwort.

Ein ehrliches Ziel

Afghanistan ist ein schwieriges Land, in dem fremde Mächte nie zuvor reüssieren konnten. Warum also sollte die NATO, warum sollten 42 Nationen aus aller Welt ein Kunststück vollbringen und dem Land auf die Füße helfen? Die internationale Gemeinschaft muss ehrlicherweise zugeben, dass sie den Ausgang des afghanischen Experiments heute nicht voraussagen kann. Aber im Gegensatz zu allen historischen Vorgängern sind der UN-Mission in Afghanistan und dem ISAF-Einsatz als ihrem militärischen Ableger viel zuzutrauen. Anders als bei der sowjetischen Besatzung oder den britischen Unterwerfungsversuchen sind die Ausländer nun in der Regel willkommen. Ihr Beitrag zur Stabilität wird nach 30 Jahren des Krieges geschätzt, ihre Hilfe für die Menschen ganz unten in der Gesellschaft ist aufrichtig und uneigennützig. Die Afghanen erkennen, dass ihr Land allein lebensfähig werden und dem zerstörerischen Einfluss rivalisierender Fraktionen und ausländischer Mächte entzogen werden muss. Das gab es in der Geschichte noch nie.

Die historische Erfahrung lässt natürlich Zweifel wachsen, ob dieses Ziel jemals erreicht werden kann. Die Implosion in Pakistan, die islamistischen Umtriebe an den Nordgrenzen in Usbekistan und Tadschikistan, der iranische Einfluss und Teherans Interessen in einem regionalen Vormachtskampf halten den äußeren Druck aufrecht. Im Landesinneren wird die Balance zwischen Zentralmacht und Provinzherrschern noch lange nicht hergestellt sein. Die Warlords im Norden als Vertreter großer ethnischer Gruppen und die paschtunische Mehrheit mit dem Fremdkörper Taliban in ihrer Mitte werden den Kampf um Dominanz nicht aufgeben. Armut und Drogengeschäft werden auf Jahrzehnte zum Leben gehören, genauso wie Korruption, Ineffizienz und Ausbeutung. Dem Land fehlt nicht nur die Elite, es fehlt ein simples Niveau an Bildung.

Die größte Gefahr aber geht von den Taliban aus, die militärisch nicht besiegt werden können. Die Taliban sind eine Religionsbewegung, sie sind vom Zorn gespeist, mit falschen Ideologien gefüttert, rekrutiert aus der Armee der Habenichtse, der Vergessenen in den Stammesgebieten. Jedes Jahr feiern dort 60 000 junge Männer ihren 16. Geburtstag, jedes Jahr wachsen also Hunderte potenzieller Taliban-Kämpfer heran. Der Bewegung wird es an Nachwuchs nie mangeln. Nur langsam reifen vernünftige Überlegungen, wie die Taliban eingebunden und ungefährlich gemacht werden können. Politische Beteiligung, Zugeständnisse und vor allem materielle Anreize – Arbeit, Auskommen, Würde für die Familie. Die Gleichung ist nicht schwer zu verstehen, aber es wird lange dauern, bis sie aufgeht.

Das ist der Grund, warum dem Staatsaufbau in Afghanistan am Ende die größte Bedeutung zukommt. Wenn der Staat schwach ist, wird er angreifbar. Wenn das Auskommen gefährdet ist, wenden sich die Menschen anderen Heilsversprechern zu. Wenn die Bildung fehlt, können archaische Verhaltensregeln nicht überwunden werden.

So weit die Theorie. In der Praxis hat Afghanistan genug gehört über Demokratisierungsmodelle, föderalistische Strukturen und Governance-Leitbilder. Der theoretische Schnickschnack aus den Denkstuben des internationalen Helferheeres zerschellt ganz schnell am Hindukusch. Was bleibt, sind die simplen Dinge: eine Schule, ein Wasserkanal, ein Staudamm, eine Brücke. Ein großer Erfolg ist es, wenn ein afghanischer Handwerker ein neues Werkzeug erhält und plötzlich einen Helfer beschäftigen kann. Ein Erfolg ist es, wenn ein Bauer eine neue Pflugtechnik lernt oder einen Bewässerungskanal errichtet, der nicht jedes Jahr aufs Neue vom Schlamm befreit oder gar neu gezogen werden muss. Noch besser, wenn dieser Bauer moderne Anbaumethoden lernt, die den Ertrag seiner Felder steigern. Benötigt wird ein Verwaltungsmitarbeiter in einer Kleinstadt, der mit einem Budget umgehen kann, der einen Haushaltsplan aufstellen und einhalten kann und dabei nicht berücksichtigen muss, dass der korrupte Polizeichef der Kleinstadt das Geld selbst verwalten möchte. Benötigt werden Ärzte, die afghanische Kollegen in Kreiskrankenhäusern und Gemeindehospitälern an die Hand nehmen. Überhaupt Ärzte: Das Land kann nicht genug davon bekommen.

Auf dem Weg zu dieser ehrlichen Strategie muss sich die Bundesregierung fragen, ob sie genug tut. Landwirtschaftsberater gibt es nicht im Norden, Verwaltungsbeamte auch nicht. Es sind viel zu wenige Polizeiausbilder im Land, und die afghanische Elite könnte mehr lernen, wenn sie für ein paar Semester an eine deutsche Fachhochschule geschickt würde. Einige wenige kommen in den Genuss von Stipendien, aber bei weitem nicht genug. Die Bundeswehr konnte ihre Ärzte auch verstärkt ins Land schicken, anstatt in den Lagern Kliniken zu betreiben, die den Vergleich mit einem hochmodernen Kreiskrankenhaus in Deutschland nicht zu scheuen brauchen. Überhaupt: Wo sind die medizinischen Helfer und Ausbilder aus Deutschland – wer den Afghanen diese Hilfe angedeihen lässt, der macht sich weniger angreifbar.

Der deutsche Einsatz krankt am immer gleichen Übel: Afghanistan wird nicht ernst genommen, die Dimension der Aufgabe wird unterschätzt, die Verpflichtung wird nicht empfunden. Das deutsche Afghanistan-Projekt – ein Selbstbetrug, der einer afghanischen Weisheit aber nicht entkommen wird: Das Land hat noch keinen aus seinen Fängen entlassen, der nicht seinen Tribut gezollt hat. Es liegt nun an Deutschland, dieses Muster zu seinen Gunsten zu verschieben. Unaufrichtigkeit jedenfalls ist in Afghanistan noch nie belohnt worden.

Bibliografische Information der Deutschen Nationalbibliothek

Die Deutsche Nationalbibliothek verzeichnet diese Publikation in der Deutschen Nationalbibliografie; detaillierte bibliografische Daten sind im Internet über http://dnb.d-nb.de abrufbar.

Umschlag: Groothuis, Lohfert, Consorten (glcons.de)
Herstellung: Das Herstellungsbüro, Hamburg
Karte: Daniel Braun
Druck und Bindung: CPI – Clausen & Bosse, Leck
Printed in Germany
ISBN 978-3-89684-138-4

www.edition-koerber-stiftung.de

Im Visier von al-Qaida
Deutschland braucht eine Anti-Terror-Strategie

Ein Standpunkt von Guido Steinberg

100 Seiten
ISBN 978-3-89684-139-1
Euro 10,– (D)

Auch wenn deutsche Behörden seit 2001 effektiver gegen Terroristen vorgehen, ist es ihnen nur mit Glück gelungen, Anschläge in der Bundesrepublik zu verhindern: Deutschland steht heute mehr denn je im Fadenkreuz von al-Qaida. Innen- und sicherheitspolitische Aktionen reichen längst nicht mehr, um der Bedrohung Herr zu werden.

Deutschland braucht endlich eine umfassende Anti-Terror-Strategie. Wer islamistische Terroristen wirksam bekämpfen will, muss eine länderübergreifende Politik entwickeln und seine Partner von den eigenen Konzepten überzeugen. Eine solche Strategie muss vor allem die Isolierung der Terroristen von ihren Sympathisanten anstreben. Nur wenn die Radikalisierung ihrer Anhänger vermieden und die Finanzierung und Logistik behindert werden, kann es im besten Fall gelingen, die Terrorgruppen regelrecht auszutrocknen.

Partner, nicht Gegner

Für eine andere Iran-Politik

Ein Standpunkt von Christoph Bertram

100 Seiten
ISBN 978-3-89684-133-9
Euro 10,– (D)

Ausgerechnet der Iran als Partner der EU und der USA? Es gibt, so scheint es, kein blauäugigeres Vorhaben. Für Christoph Bertram steht jedoch fest: Die derzeitige westliche Politik der Drohungen, Sanktionen und Vorbedingungen gegenüber der Islamischen Republik Iran kann man nur als kollektive Verirrung betrachten.

Nötig ist eine ganz neue Strategie, wenn der Westen nicht jede Chance der Einflussnahme auf die iranische Politik verspielen will. Erst das Angebot zur Partnerschaft mit Iran mag den Weg zu einer Lösung in der Atomfrage ebnen – und die Grundlage schaffen für ein konstruktives Verhältnis zu dem für die Region und Europa wichtigen Land.

»Selten gibt es in der angeheizten Atmosphäre zwischen dem Westen und Iran Stimmen, die Vernunft walten lassen und die Lage nüchtern betrachten. Zu diesen Ausnahmen gehört die Analyse von Christoph Bertram.«

Die Zeit

Gute und schlechte Atombomben

Deutschland muss die nukleare Realität mitgestalten

Ein Standpunkt von Michael Rühle

100 Seiten
ISBN 978-3-89684-137-7
Euro 10,– (D)

Deutschland hat nukleare Interessen! Mit dieser klaren Aussage bricht Michael Rühle ein Tabu. Obwohl sich die Bundesrepublik aus gutem Grund gegen den Besitz von Kernwaffen entschieden hat, genießt sie seit gut sechzig Jahren den nuklearen Schutz der USA.

Doch seit dem Ende des Kalten Kriegs blüht der Handel mit nuklearem Material. Das Prinzip der atomaren Abschreckung wird dann nicht mehr funktionieren, falls Kernwaffen in die Hände religiös motivierter Terroristen gelangen.

Neue Akteure, neue Technologien, neuer Fanatismus und ein tendenziell abnehmendes Interesse, Länder wie Iran oder Nordkorea an der nuklearen Aufrüstung zu hindern – für Michael Rühle steht fest: Berlin ignoriert dieses »zweite nukleare Zeitalter«. Deutsche Politik darf sich jedoch nicht in Abrüstungsbekenntnissen erschöpfen, sondern muss die nukleare Realität mitgestalten. Nur so lässt sich Sicherheit schaffen.

edition Körber-STIFTUNG

Politik braucht Standpunkte!

Christoph Bertram
Partner, nicht Gegner
Für eine andere Iran-Politik
100 Seiten
ISBN 978-3-89684-133-9

Stephan Bierling
Die Huckepack-Strategie
Europa muss die USA einspannen
110 Seiten
ISBN 978-3-89684-132-2

Georg Blume
China ist kein Reich des Bösen
Trotz Tibet muss Berlin auf Peking setzen
110 Seiten
ISBN 978-3-89684-134-6

Erhard Busek
Zu wenig, zu spät
Europa braucht ein besseres Krisenmanagement
90 Seiten
ISBN 978-3-89684-131-5

Eric Gujer
Schluss mit der Heuchelei
Deutschland ist eine Großmacht
110 Seiten
ISBN 978-3-89684-130-8

Eckart von Klaeden
Kein Sonderzug nach Moskau
Deutsche Russlandpolitik muss europäisch sein
110 Seiten
ISBN 978-3-89684-135-3

Adam Krzemiński
Testfall für Europa
Deutsch-polnische Nachbarschaft muss gelingen
110 Seiten
ISBN 978-3-89684-136-0

Michael Rühle
Gute und schlechte Atombomben
Berlin muss die nukleare Realität mitgestalten
100 Seiten
ISBN 978-3-89684-137-7

Guido Steinberg
Im Visier von al-Qaida
Deutschland braucht eine Anti-Terror-Strategie
100 Seiten
ISBN 978-3-89684-139-1

alle Bände: Euro 10,– (D)

www.edition-koerber-stiftung.de

Körber-STIFTUNG
Forum für Impulse

edition Körber-STIFTUNG

Internationale Politik, Bildung, Wissenschaft, Gesellschaft und Junge Kultur: In diesen Bereichen ist die Körber-Stiftung mit einer Vielzahl eigener Projekte aktiv. Bürgerinnen und Bürgern, die nicht alles so lassen wollen, wie es ist, bietet sie Chancen zur Mitwirkung und Anregungen für eigene Initiativen.

1959 vom Unternehmer und Anstifter Kurt A. Körber ins Leben gerufen, ist die Stiftung heute mit eigenen Projekten und Veranstaltungen von ihren Standorten Hamburg und Berlin aus national und international aktiv.

KörberForum Kehrwieder 12

Bergedorfer Gesprächskreis

Körber-Netzwerk Außenpolitik

USABLE Transatlantischer Ideenwettbewerb

Hamburger Tulpe für interkulturellen Gemeinsinn

Eustory – History Network for Young Europeans

Geschichtswettbewerb des Bundespräsidenten – Jugendliche forschen vor Ort

Schultheater der Länder

KiWiss – Wissenschaft für Kinder und Jugendliche

Körber-Preis für die Europäische Wissenschaft

Deutscher Studienpreis – Der Wettbewerb für junge Forschung

Körber Foto Award

Junge Regie – Körber Studio

Boy Gobert Preis

BegegnungsCentrum Haus im Park